成都公共服务均等化与品质化发展研究

Research on the Equalization and Quality-Oriented Development of Public Services in Chengdu

明亮　胡燕　徐睿　罗江月　李文博　著

中国社会科学出版社

图书在版编目（CIP）数据

成都公共服务均等化与品质化发展研究 / 明亮等著.
北京：中国社会科学出版社，2024.12. -- ISBN 978-7-5227-4111-6

Ⅰ. D669.3

中国国家版本馆 CIP 数据核字第 2024G5S379 号

出 版 人	赵剑英	
责任编辑	喻　苗	
责任校对	胡新芳	
责任印制	李寡寡	
出　　版	中国社会科学出版社	
社　　址	北京鼓楼西大街甲 158 号	
邮　　编	100720	
网　　址	http://www.csspw.cn	
发 行 部	010-84083685	
门 市 部	010-84029450	
经　　销	新华书店及其他书店	
印　　刷	北京君升印刷有限公司	
装　　订	廊坊市广阳区广增装订厂	
版　　次	2024 年 12 月第 1 版	
印　　次	2024 年 12 月第 1 次印刷	
开　　本	710×1000　1/16	
印　　张	15.25	
字　　数	208 千字	
定　　价	79.00 元	

凡购买中国社会科学出版社图书，如有质量问题请与本社营销中心联系调换
电话：010-84083683
版权所有　侵权必究

以公共服务的均衡可及高质量发展书写"中国之治"新篇章

王春光[*]

一

"以人民为中心"推进实现共同富裕是中国式现代化的价值目标。公共服务的均衡可及高质量发展,则是"以人民为中心"的民生实践逻辑体现,是改革发展成果由人民共享理念的贯彻展示。一直以来,党和政府高度重视发展公共服务、保障和改善民生。自2005年党的十六届五中全会首次提出"公共服务均等化"这一重要理念之后,党和国家在重大会议、重要政策制定中不断丰富基本公共服务内涵和细化"均等化"目标原则。2022年10月,党的二十大报告更是明确提出,要"健全基本公共服务体系,提高公共服务水平,增强均衡性和可及性,扎实推进共同富裕"。2023年12月,国家标准化管理委员会等18个部门联合制定《基本公共服务标准体系建设工程工作方案》,提出"到2035年,标准化支撑基本公共服务均等化基本实现,保障发展成果更多更公平惠及全体人民"。

---

[*] 中国社会科学院社会学研究所研究员、博士生导师。

经过多年的发展，我国公共服务体系建设日趋完善，对公共服务的理论认识也不断深化发展。目前，从服务供给的权责分类出发，国家把公共服务划分为基本公共服务、普惠性非基本公共服务两大类，并将多层次多样化的生活服务供给作为公共服务体系的有益补充。在基本公共服务供给、普惠性基本公共服务供给以及多样化生活服务供给的不同层次里，学界也在积极探讨公共服务的均等化、品质化特性和要求。那么，如何理解公共服务的"均等化"和"品质化"？怎样推动和实现公共服务的"均等化"和"品质化"？我认为，有几个重点问题值得探讨：

一是公共服务的均等化与差异化关系。

学界对基本公共服务"均等化"的界定是"全体公民都能公平可及地获得大致均等的基本公共服务"。这个界定强调"获得"机会的公平可及，其核心是机会均等，并通过机会均等来保障实现结果的大致均等，而不是简单的平均化和无差异化。换言之，均等化应当是承认差异基础之上的均等化。这种差异，包括基于不同经济社会发展水平、不同人口构成、不同文化传统以及不同发展需求而形成的城乡差异、区域差异、群体差异。推动公共服务的均等化，不能一刀切，而是要充分考虑不同地方的现实差异性，在承认差异的前提下，加大统筹力度，加强薄弱环节，推动缩小差距，保障居民群众享有一定标准的基本公共服务。

二是公共服务的品质化与多样化关系。

品质化是公共服务均等化发展中衍生出来的新概念。公共服务均等化发展的过程不是一个固态的过程，而是分层次分阶段的动态发展过程。随着经济社会发展水平提升，人们生活状况极大改善，对美好生活需要日益广泛。正如党的十九大报告指出，"不仅对物质文化生活提出了更高要求，而且在民主、法治、公平、正义、安全、环境等方面的要求日益增长"。具体到公共服务领域，也呈现出了需求更加多样化的趋向，并进而在品质化方面提出了更高要求。这种需求变化，决定了要高度重视和关注公共服务的分层分类保障，既要通过提供基本公共服务兜底民生底线，又要回应居民群众对非基本公共服务以及生活性服务的品质化需求，推进非基本公共服务市场化改革，增强公共服务的多层次供给能力，提升公共服务品质。

三是公共服务供给的主导与参与关系。

通过对前两个问题的探讨会发现，公共服务要实现差异化基础上的均等化、多样化基础上的品质化，就必然对公共服务供给提出更高的要求。对公共服务实践进行长期关注会发现，供给精准有效的关键在于供给体系与服务需求的适配性。公共服务需求的多样化决定了必须建立与之相匹配的多元供给体系。显然，由政府大包大揽，仅仅依靠有限的财政投入推动公共产品与服务供给的模式已经难以为继，需要形成政府、社会、市场合作来共同供给公共服务的渠道，充分利用社会力量来发展社会事业、促进公共服务的高质量发展。作为公共服务供给主导力量的政府，需要厘清自身供给与市场、社会提供的边界，承担必须由政府供给的公共服务事项之外，更重要的是要营造公平开放、有序竞争的环境，引导社会投入，促进公共服务供给的社会化、多元化，实现公共服务资源高效整合和供给效率提升。

二

公共服务发展与城市规模具有一定的相关性。这在超大城市体现尤为明显。一方面，超大城市具有城市规模不断扩大带来的强烈"虹吸效应"，在产业发展、资源集聚方面具有超乎寻常的优势，其公共服务的现实基础更为强大，更易推动和实现公共服务的质量。

另一方面，超大城市在公共服务供给中又存在着人口多、体量大、需求多、差异化的显著特点，其服务对象不仅包括城市户籍居民，还包括庞大的非户籍居民群体，公共服务责任主体的有限性和服务客体的开放性之间的结构性矛盾更为突出，公共服务的难度更大。

成都是我国西部地区拥有2140.3万人口的超大城市，是承担推进成渝地区双城经济圈这一国家级区域发展战略的重要极核城市。公共服务发展在全国位于前列，"2022年中国现代公共服务发展指数"调查中，成都在"16城市公共服务满意度"中居于第六位。成都城市居民幸福感整体水平一直较高，截至2023年连续15年获评"中国最具幸福感城市"。这反映出成都公共服务建设是卓有成效的。作为人口规模巨大的超大城市、西部的重要国家中心城市，成都的公共服务，既体现成都城市的特点，同时在一定程度上讲，也是我国超大特大城市公共服务发展建设的缩影。对成都公共服务的关注和研究，对丰富我国公共服务的相关研究，特别是促进超大城市的公共服务体系建设，无疑是一件很有意义和价值的事。从《成都公共服务均等化与品质化发展研究》一书中，我们可以看到成都公共服务发展中值得称赞的特点。

第一，契合城市能级和城市战略定位，明确了具有一定区域示范引领意义的公共服务均等化和品质化发展目标。成都既充分对接国家对公共服务发展的界定和要求，同时又结合经济社会发展实际，提出了"基本公共服务均等化、普惠性基本公共服务提质扩容、高品质生活性服务业创新发展"，既承接了国家关于基本公共服务、普惠性非基本公共服务、多层次多样化生活服务供给的划分标准，又展现了底线民生与普惠民生、品质民生有机衔接、立体融合发展的多元化多层次公共服务体系建设架构。

第二，强调公共服务供给与需求的适配性。在教育、医疗、养老等公共服务重点领域，非常重视城乡居民需求信息的收集和反馈。针对公共服务供需错位、不匹配的突出问题，着重深化公共服务供给侧改革，打造"一刻钟便民生活圈"，建构供给主体多元化、供给方式多样化的公共服务供给新格局，特别是提出分类分层供给思路，对推动公共服务提质增效，实现高质量发展具有现实意义。

第三，突出了公共服务的城乡均等化。成都是全国最早推进城乡统筹发展的城市之一，一直高度重视城乡的融合发展，城乡差距在全国超大城市之中处于相对较小状态，居民幸福感整体水平较高。这很大程度上得益于城乡公共服务均等化政策的推进。主要体现在"两个倾斜"：一是扶持政策向中心城区老旧小区、城市新区、郊区新城、偏远农村倾斜；二是向教育、医疗等薄弱环节以及"一老一小"等重点群体倾斜，极大地推动城乡差距的缩小。

第四，将公共服务与治理融合，促进政府主导下的社会力量多元参与。比如，有些社区在老旧院落改造中充分运用自治机制全面收集居民意见建议，对维修道路管网、新建绿化游园、释放停车位等居民急难愁盼问题进行充分的民主协商；有些新农村通过吸纳新村民进村两委、探索新老村民协商共建机制，创新搭建对话平台，开展具有个性特色的公共文化服务活动。这些举措，既促进了社区治理中的村民参与，同时又一定程度上探索形成了公共服务共建共享的格局。

第五，积极探索和推进公共服务的智慧融入。通过在全市层面上搭建"社智在线"智慧社区综合应用平台，部分区县探索推进社区"精治数仓"等，数字赋能推动社区治理、基层减负的同时，建构了体现社区特点、服务社区生活的智慧应用场景，使公共服务更加快捷高效。虽然公共服务智慧融入还有很大发展空间，但是现有的智慧综合应用平台、数字基座、智慧应用场景的建设，都是促进公共服务供给可视化高效化的积极有益探索。

应该看到，成都市在公共服务均等化与品质化发展中，因地制宜地探索创新公共服务供给机制、丰富公共服务供给内容、增强公共服务供给能力，展现了城市发展特点。《成都公共服务均等化与品质化发展研究》一书全面梳理和总结了成都实践，同时选编了大量的典型案例，有助于学者更为详细地研究超大城市公共服务实践，也有助于相关部门借鉴成都公共服务的经验。相信本书的出版，会为读者朋友们所欢迎。

是为序。

王春光

中国社会科学院社会学所

研究员、博士生导师

2024 年 12 月 20 日

目 录

第一章 公共服务相关研究概述 …………………………………… （1）

    第一节 公共服务概念与类别 ………………………………… （1）

    第二节 有关公共服务的理论研究 …………………………… （7）

    第三节 研究述评与本研究框架 ……………………………… （16）

第二章 公共服务的政策实践及发展趋势分析 ………………… （18）

    第一节 中国公共服务政策发展回顾 ………………………… （18）

    第二节 未来城市公共服务改革趋势分析 …………………… （36）

第三章 国内外公共服务改革发展经验与启示 ………………… （41）

    第一节 公共服务体制机制建设的国内外经验与启示 ……… （41）

    第二节 提高公共服务供给质量的国内外经验与启示 ……… （46）

    第三节 城乡和区域公共服务供给均衡的国内外经验

           与启示 ………………………………………………… （52）

    第四节 引导社会参与公共服务供给的国内外经验

           与启示 ………………………………………………… （57）

    第五节 公共服务智慧化供给的国内外经验与启示 ………… （65）

第四章　成都公共服务改革实践成效及机遇挑战 …………（75）
　第一节　公共服务发展成效 ……………………………（75）
　第二节　公共服务发展短板与不足 ……………………（86）
　第三节　公共服务发展面临的机遇 ……………………（94）
　第四节　公共服务发展面临的挑战 ……………………（100）

第五章　成都公共服务改革的政策依据和目标方向 …………（107）
　第一节　国家、省、市公共服务政策体系要求 ………（108）
　第二节　成都公共服务改革发展背景 …………………（120）
　第三节　成都公共服务改革发展蓝图 …………………（128）

第六章　深化城市公共服务改革的路径和举措 ………………（131）
　第一节　坚持统筹谋划，强化公共服务体系建设顶层
　　　　　设计 ……………………………………………（132）
　第二节　创新供给机制，提升公共服务供给质效 ……（136）
　第三节　加强设施建设，推进公共服务均衡普惠共享 …（143）
　第四节　深化数字赋能，推动公共服务智慧化、便捷化 …（147）
　第五节　推进融合发展，扩大公共服务优势叠加效应 …（150）
　第六节　营造发展环境，促进公共服务可持续发展 …（154）

**附件一　"幸福美好生活十大工程"助力成都高品质公共
　　　　服务体系建设** ………………………………………（159）
　一　居民收入水平提升工程 ……………………………（159）
　二　高品质公共服务倍增工程 …………………………（162）
　三　生活成本竞争力提升工程 …………………………（165）
　四　城市通勤效率提升工程 ……………………………（167）
　五　城市更新和老旧小区改造提升工程 ………………（168）

六　生态惠民示范工程……………………………………（170）
七　稳定公平可及营商环境建设工程……………………（172）
八　青年创新创业就业筑梦工程…………………………（173）
九　智慧韧性安全城市建设工程…………………………（176）
十　全龄友好包容社会营建工程…………………………（177）
十一　结语…………………………………………………（179）

附件二　成都市公共服务发展案例选编……………………（181）
　案例1：多措并举促就业稳就业的青羊探索………………（181）
　案例2：医疗和养老相结合的成华样本……………………（187）
　案例3：分级诊疗"1+N+n"的高新实践…………………（192）
　案例4：学前教育阶段"镇村办园"的新都模式…………（198）
　案例5：院落自治改造提升城市生活品质的金牛实践……（203）
　案例6：用心烹制"文化大餐"的青白江样本……………（206）
　案例7：赋能社区治理的"精治数仓"探索………………（210）
　案例8：打造"一刻钟便民生活圈"的清源案例…………（213）
　案例9：以城乡融合发展助力乡村振兴的铁牛村案例……（219）

参考文献………………………………………………………（225）

后　记…………………………………………………………（230）

第一章

公共服务相关研究概述

公共服务是一个学科包容性非常强的研究领域,来自管理学、社会学、经济学、城市规划学等学科的研究者围绕关键概念界定、内容范畴、功能定位、效能评价等方面进行了热烈讨论,不断推进人们对公共服务理论和政策实践的认知。本章节对公共服务概念与类别进行了辨析,围绕公共服务供给与居民需求、公共服务投入效率以及政府角色三方面,梳理了与公共服务政策相关的学术研究成果。

第一节 公共服务概念与类别

一 公共服务概念界定

尽管"公共服务"(Public Service)这一概念已诞生一百多年,但直到今天,学界对公共服务的功能定位、内容范畴、供给主体、行动逻辑等基本问题依然存在一些认知分歧。[1] 这些争议主要集中在供给主体和供给责任的界定方面,一种典型观点仅将政府视为公共服务的供给主体,显然这与当前中国和绝大多数国家、地区的实

---

[1] 夏志强、付亚南:《公共服务的"基本问题"论争》,《社会科学研究》2021年第6期。

践不符；还有一种观点将具有公共性的所有产品、服务都看作公共服务，导致概念范围过于宽泛。

对公共服务的理解既需要结合理论传统，又不能脱离中国政策实践。从中国现有政策文本来看，公共服务也有狭义和广义之分。狭义的公共服务通常是指为了保障人民群众生存和发展需求，由政府直接提供或购买第三方服务提供的公共教育、医疗卫生、劳动就业、社会保障、社会救助、住房保障、文化体育、养老服务等服务。广义的公共服务除了上述方面，还包括由市场主体提供的满足居民最终消费需求的生活服务，涵盖高品质医疗、养老、托育、文化、旅游、广电、体育、家政等领域。

本书采用广义的公共服务定义。具体而言，可以从服务内容、供给主体、服务层次三方面来明确公共服务概念的内涵与外延。首先，从服务内容来看，本书所指的公共服务聚焦于与人民群众生存和发展需求密切相关的民生领域，包括托育、养老、教育、医疗卫生、社会保障、住房保障、文化体育、拥军优属等方面。其次，从供给主体来看，公共服务的供给者既包括政府，也包括市场主体和公益性社会机构，只是在不同服务类型上，各主体承担的责任不同。最后，从服务层次来看，本书界定的公共服务既包括全体人民均等享有的免费服务，也包括广大人民群众共需共享的普惠服务，还有居民自我消费享受的个性化服务。

二 公共服务类型探析

从现有政策文本对公共服务的分类方式来看，长期以来，中国政府强调基本公共服务的均等化发展。从2012年到2021年，基本公共服务主要涵盖了公共教育、就业服务、社会保险、医疗卫生、社会服务、住房保障、文化体育、残疾人服务等领域，"涵盖了一个人从出生到终老各个阶段生存与发展所需的基本公共服务"①。2021年底出台的《"十四五"公共服务规划》则首次将非基本公共服务纳入五年规划。按照服务供给的权责，规划将公共服务分为"基本公共服务"与"普惠性非基本公共服务"两大类，此外还将与公共服务密切配合、有序衔接的"生活服务"同步纳入，作为公共服务体系的有益补充。

在衔接国家"十四五"公共服务规划时，各省（自治区、直辖市）规划对"生活服务"的表述有一定的自主空间。例如，北京市、黑龙江省、福建省直接沿用了国家规划"生活服务"概念；广东省、内蒙古自治区采用"多层次多样化生活服务"概念；《四川省"十四五"公共服务规划》则在完全遵循国家规划对"基本公共服务"和"普惠性非基本公共服务"所作划分的基础上，将"生活服务"概念具体化为"高品质多样化生活性服务业"。《成都市"十四五"公共服务规划》则与《四川省"十四五"公共服务规划》对接，同样提出"发展高品质多样化生活性服务业"的要求。

从学界的分类方式来看，现有研究一般按照两种路径对公共服务进行分类。一种是以行业部门为依据的横向分类，即按照公共服务的领域或提供服务的部门，将其分为教育、医疗卫生、住房保障、社会保障与就业、公共交通等，不同类型的公共服务没有等次之分。由于长期以来中国政府将推进基本公共服务均等化作为最重要的职责之一，受其影响，在相关研究领域，采用横向分类方法的文献较为普遍，且分类方式基本与上述八个领域②一致，具有较高

---

① 《国新办就〈国家基本公共服务体系"十二五"规划〉有关情况举行发布会》，2012年7月19日，中国网，http://www.china.com.cn/zhibo/2012-07/19/content_25930645.htm。
② 2022年1月公布的《"十四五"公共服务规划》在原有的八大领域基础上，将服务清单拓展为九个领域，即"七有两保障"。截至2022年5月，学界还未按照新的领域划分方式开展相关研究。

共识性。其优势在于数据可获得性与标准化程度较高，便于对不同地区的基本公共服务进行比较以说明某类服务的均等化程度，或者评估不同领域基本公共服务的效率及其对人民幸福感、获得感产生的影响。

另一种是以关键指标高低为标准的纵向分类，即根据公共服务针对的公众需求层次，财政资金的支持力度或供给主体的多元化程度来划分公共服务的类别。随着中国社会主要矛盾的转变，人民对公共服务与其他生活性服务的需求日趋多样化，服务市场进一步细分，政府的精细化管理水平也需要随之提升。通过纵向分类，可以使需求层次、财政支持力度或供给主体多元化程度按高低、大小排序，查看不同层级公共服务供给质量，分析政府和其他供给主体之间的协同关系，以及探究各类公共服务之间的转换机制，使人们对公共服务有更加深入细致的认识。

在当前的学术文献中，采用纵向分类方式的相关研究在2005年后就有出现，但文献数量相对较少，研究者选用的关键概念也不尽相同。例如，根据排他性和竞争性程度，陈文博将公共服务分为纯公共服务和混合型公共服务两大类[1]，这两个概念可以与基本公共服务、非基本公共服务相对应[2]；蓝国彬、樊炳有按照需求层次划分了基本型、选择型公共服务，同时依据服务供给目的，将其分为营利性、非营利性公共服务[3]；刘焱、郑孝玲将公共服务分为基本公共服务、准基本公共服务、经营性公共服务[4]。总体来看，研究者对于"基本公共服务"的认知较为统一，只是在非基本公共服

---

[1] 陈文博：《强化政府公共服务职能与和谐社会基础建设》，《东南学术》2007年第1期。
[2] 鄢圣文：《非基本公共服务市场化供给研究》，中国经济出版社2015年版。
[3] 蓝国彬、樊炳有：《我国体育公共服务供给主体及供给方式探析》，《首都体育学院学报》2010年第2期。
[4] 刘焱、郑孝玲：《关于普惠性学前教育公共服务属性定位的探讨》，《教育研究》2020年第1期。

务的分类标准和概念表述上存在一定差异。而且，对于政策文本中的"生活服务"或"多层次多样化生活服务""高品质多样化生活性服务"，学界还没有较为系统深入的研究，对于"高品质多样化生活性服务"与"营利性公共服务""经营性公共服务"有何种关系，还有待进一步厘清；如何衔接公共服务与高品质生活性服务，也需要更为深入的研究跟进。

基于中央、省、市相关政策及已有文献，本书采用广义的公共服务概念，将其分为基本公共服务、普惠性非基本公共服务和高品质生活服务三大类。这三个关键概念定义如下。

根据《"十四五"公共服务规划》的定义，"基本公共服务是保障全体人民生存和发展基本需要、与经济社会发展水平相适应的公共服务，由政府承担保障供给数量和质量的主要责任，引导市场主体和公益性社会机构补充供给"[1]，"其规定的是一定阶段基本公共服务应覆盖的最小范围和边界"[2]。在中国的政策体系里，基本公共服务范围包括公共教育、就业创业、社会保险、医疗卫生、养老服务、住房保障、文化体育以及针对特殊人群的社会服务等领域。

"普惠性非基本公共服务"是为满足居民更高层次需求、保障社会整体福利水平所必需但市场自发供给不足的公共服务，政府通过支持公益性社会机构或市场主体，增加服务供给、提升服务质量，推动重点领域非基本公共服务普惠化发展，实现大多数居民以可承受价格付费享有。[3]

"高品质生活服务"是指满足居民高品质需求的生活服务，完全由市场供给、居民付费享有，具体包括托育、养老、医疗卫生、

---

[1] 《"十四五"公共服务规划》，2022年1月10日，中国政府网，http://www.gov.cn/zhengce/zhengceku/2022-01/10/5667482/files/301fe13cf8d54434804a83c6156ac789.pdf。
[2] 李善峰：《城乡基本公共服务均等化》，《开放时代》2009年第8期。
[3] 此处参考了《"十四五"公共服务规划》的定义。

教育、文化、体育、家政等方面。

由上述定义可知，基本公共服务、普惠性非基本公共服务与高品质生活服务既有区别又有联系。一方面，从针对的需求层次、主要供给者、政府主要职能、服务的价格水平、供给伦理等方面来看，高品质生活服务都明显区别于前两者。另一方面，高品质生活服务能够对基本公共服务、普惠性非基本公共服务形成有益补充。

政府必须对这三种服务加以统筹考虑。首先，不断满足人民群众多样化、个性化、高品质服务需求，提高人民生活品质，是建设人民满意的服务型政府的必然要求。在高品质生活服务领域，营造公平竞争的市场环境，引导相关行业规范可持续发展依然是政府的重要职责。其次，高品质生活服务业的健康发展，将缓解部分领域公共资源短缺风险，带动同领域公共服务标准、品质和效率提升，为公共服务可持续发展探索创新经验，有助于形成各类服务良性互动、阶梯式发展的格局。最后，高品质生活服务与其他两种服务之间的界限并非完全固化，而是具有一定的动态开放性。随着经济社会发展水平的不断提高，基本公共服务、普惠性非基本公共服务的范围或许会逐步扩大、标准进一步提高，部分高品质生活服务也有可能被纳入前两者的服务范畴。

表1-1　　　　　　　　公共服务与高品质生活服务的特点

服务类别	基本公共服务	普惠性非基本公共服务	高品质生活服务
重点领域	九大领域（"七有两保障"）	养老、托育、教育、医疗等	医疗、养老、文化旅游、广电、体育、家政等
需求层次	生存和发展的最基本需求	更高层次需求	多样化、个性化、高品质生活需求

续表

服务类别	基本公共服务	普惠性非基本公共服务	高品质生活服务
主要供给者	政府主导，多元参与	政府支持，多元供给	市场主体供给
价格水平	低廉	一般	相对较高
供给伦理	均等化供给，全体人民公平便利享有	普惠化供给，服务对象以可承受的价格付费享有	个人付费享有
政府主要职能	兜底保障	主导作用，鼓励和引导社会力量	营造公平竞争的市场环境
成都"十四五"时期发展目标	显著提高均等化水平	提质扩容	蓬勃发展

资料来源：本书课题组整理制作。

第二节　有关公共服务的理论研究

长期以来，不同学科的研究者就公共服务领域进行学术探讨，形成了诸如公共物品理论、公共选择理论、新公共服务理论、多中心治理理论等具有高度抽象性的理论。同时，也有大量研究者根据公共服务的具体供给状况，从中观层面探讨了影响公共服务政策效果的因素及其影响机制。

由于本书主要是为公共服务政策改革服务，侧重于实践应用而非学理探讨，因此该部分主要梳理了与公共服务政策制定和实施相关的学术研究成果。这些研究的焦点可概括为对三个问题的探索，即公共服务供给能否满足居民需求，公共服务投入（财政资金）的效率如何，以及公共服务供给中的政府扮演了什么样的角色。尽管切入点各有不同，但这些研究的核心议题都是讨论随着社会经济发展，公共服务如何更好地满足人的全面发展需求。

一 公共服务供给与居民需求

这一主题的文献主要探讨的是公共服务供给对居民需求的满足情况。具体而言，对公共服务的考察包括覆盖面和层次性两个方面。其中，前者关注的是"有没有"的问题，城乡区域之间的"公共服务均等化"是最常出现的议题；而后者则更关注"好不好"的问题，即公共服务是否能够充分满足人们不同层次的需求，其研究视域主要集中在城市。

（一）均等化供给

2006年以后，公共服务均等化都是国内学界非常关心的主题之一。在中国知网上，相关学术文献数量在2007年后呈井喷式增长，直到2011年后才有所减少，近五年的年发表量稳定在80—90篇（见图1-1）。研究者主要关注如何完善相关制度来推进基本公共服务均等化。

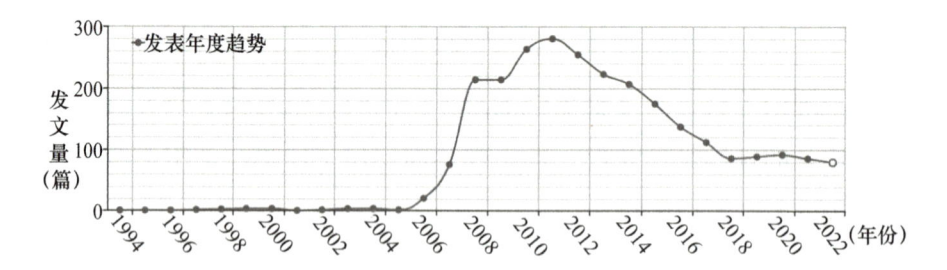

图1-1 中国知网以"公共服务均等化"为主题的已发表学术期刊文章数量

注：仅选取中文核心期刊或CSSCI类别的文章。

资料来源：来源于中国知网。

学界对均等化的理解主要基于两个角度：一是从最终目标上来看，居民享受的公共服务水平应该大体平衡；二是从实现手段来看，不同地区在相应公共服务领域的财政资源投入力度应大致相当。研究者注意到，在政策实践层面，政府更多遵循财政能力均等化的思路来推进公共服务均等化，这看似偏离了来自中央层面的纲领性政策文本表述，但考虑到地区经济发展水平的巨大差距和现行财政体制安排，财力均等化是实现中国公共服务均等化的先决条件。[1]

从基本公共服务均等化面临的问题来看，长期以来主要表现为地区间发展不平衡、城乡间不均等与群体间不均等。同时还存在供求的结构性失衡，主要表现为"供求内容的不匹配、供给方式的不适当、供给机制过于单一、供给中的重建设轻管护和重县城轻乡村"[2]。近年来，随着财政投入的增加，全国以及东、中、西部三大区域基本公共服务供给水平均有明显提升，西部区域基本公共服务供给水平年均增速依次高于中部和东部区域，东、中、西部虽然差距显著，但呈逐步缩小趋势。[3]

（二）多层次供给

伴随社会经济发展，人民群众的需求已不限于基本公共服务，还提出了更加多样化、高品质的服务要求。即使在同一区域内，不同人群对公共服务的需求也存在较大不同。但目前来看，相关研究仅从宏观"应然"层面指出多层次公共服务供给的重要性，有深度的实证研究还比较少。这与中国公共服务政策长期以来将重心放在

---

[1] 王伟同：《财政能力与横向公平：两种均等化模式关系辨析——兼论中国公共服务均等化实现路径选择》，《经济社会体制比较》2012年第6期。

[2] 林万龙：《中国农村公共服务供求的结构性失衡：表现及成因》，《管理世界》2007年第9期。

[3] 辛冲冲、陈志勇：《中国基本公共服务供给水平分布动态、地区差异及收敛性》，《数量经济技术经济研究》2019年第8期。

基本公共服务之上有关，主流学术研究与政策实践结合紧密，还未发生较为明显的方向转变。

此类研究主要关注城市居民对公共服务的多层次需求，年龄是最为常见的人群划分依据，研究者对公共服务类型的划分则不一而足。在既有的少量研究中，黄杉等人的研究较为突出，他们将视域限定在开发区这种特殊的城市形态里，按年龄将市民分为五种类型，并从住宿、餐饮、医疗健康、教育培训、体育休闲等领域分析城市快速发展过程中应该如何分阶段进行公共服务设施的空间规划布局，从而提供与主要人群需求相适应的公共服务。[①]与之类似，王建云、钟仁耀也采用了以年龄来划分人群的方式，并将研究对象仅仅局限于城市老人。他们发现，即使是在城市社区养老服务这么具体的领域里，不同年龄的老人对养老服务的需求也是显著不同的，若不考虑这些多层次、多样化的需求，将导致供需错位。[②]还有一些研究采用了时间跨度更大的"代"来划分人群，例如不同代的农民工对城市公共服务需求是具有层次性的，第一代和第二代农民工的最高公共服务需求停留在中级层次，第二代的需求强度高于第一代，第三代农民工的最高公共服务需求达到高级层次。[③]

二 公共服务投入效率

这一主题的文献主要来源于经济学领域，研究者主要从"投入—产出"角度来对比各个服务领域的供给成本及配置效率。由于

[①] 黄杉、张越、华晨等：《开发区公共服务供需问题研究——从年龄梯度变迁到需求层次演进的考量》，《城市规划》2012年第2期。
[②] 王建云、钟仁耀：《基于年龄分类的社区居家养老服务需求层次及供给优先序研究——以上海市J街道为例》，《东北大学学报》（社会科学版）2019年第6期。
[③] 杜巍、杨婷、靳小怡：《中国城镇化背景下农民工公共服务需求层次的代次差异研究》，《西安交通大学学报》（社会科学版）2016年第3期。

公共物品的特殊性，其所产生的经济价值一般难以衡量。国内外学者往往采用数据包络（DEA）方法来测度公共服务效率。衡量公共服务投入的指标主要是政府在特定公共服务领域的财政支出比重，或财政支出与常住人口的比值；产出则以对应公共服务领域的结果指标来衡量，如平均受教育年限、社会保障参保率、医院门诊服务人次等。

从整体上看，目前中国基础公共服务投入的水平整体不高，这是由各地区投入均出现规模报酬递减，且技术水平不高造成的。[1]但近年来，绝大多数省份已表现出规模效率降低，即不能再依靠增加投入规模提升综合效率。[2]

从地区差异来看，研究者普遍认为，不同地区的公共服务供给效率存在较大差异。和一般认知不同的是，有研究发现，西部地区的基本公共服务供给绩效最优，其次是中部地区和东北三省，东部地区最差。[3] 与全国其他城市群相比，川渝城市群的政府公共服务投入水平处于领先地位，但供给效率还有较大提升空间。[4]

在判断公共服务效率的基础上，研究者还探索了影响公共服务效率的原因。一些研究认为，严厉的问责制可以增加政府在公共服务供给方面的压力，特别是教育、医疗卫生和社会保障等领域。一些研究探讨了财政制度对公共服务效率的影响。例如，林万龙发现：在基层政府财力不足的情况下，农村地区的公共服务供给"严

---

[1] 陈刚、赖小琼：《我国省际基础公共服务供给绩效分析——基于以产出为导向的三阶段DEA模型》，《经济科学》2015年第3期。

[2] 李方毅、郑垂勇：《我国省级政府公共服务绩效评估研究》，《南京社会科学》2020年第7期。

[3] 陈刚、赖小琼：《我国省际基础公共服务供给绩效分析——基于以产出为导向的三阶段DEA模型》，《经济科学》2015年第3期。

[4] 曾鹏、张凡：《中国十大城市群公共服务供给效率的比较》，《统计与决策》2017年第3期。

重依赖于省级以上专项资金，由此造成了供给主体与需求主体之间距离过远，供求信息不通畅、不对称，公共服务供给机制过于单一，也无力提供必要的公共服务"[1]。而财政分权的影响机制主要在于：财政分权有助于增加地方政府分配资源的权责，促使其提高公共服务对穷人的可及性[2]。此外，从近年来一些新的发展趋势来看，技术进步在公共服务效率影响因素中扮演了越来越重要的角色。[3]但这样的影响可能存在异质性，在中西部城市、非省会城市或是中小规模城市，信息技术发展政策或难以直接提升公共服务供给效率。[4]

三 公共服务供给中的政府角色

（一）服务型政府与发展型、管理型政府的关系

在中国，服务型政府的概念形成于2000年左右。经过地方政府前期的试点探索，2004年党的十六届三中全会提出，要"完善政府社会管理和公共服务职能"[5]；2006年党的十六届六中全会更是鲜明提出"建设服务型政府"的目标[6]，国家财政用于教育、医疗卫生、社会保障和就业等方面的财政支出持续增长。此后，中国

---

[1] 林万龙：《中国农村公共服务供求的结构性失衡：表现及成因》，《管理世界》2007年第9期。
[2] 解垩：《财政分权与公共服务可及性：组固定效应分析》，《现代经济探讨》2022年第1期。
[3] 李方毅、郑垂勇：《我国省级政府公共服务绩效评估研究》，《南京社会科学》2020年第7期。
[4] 姜竹、徐思维、刘宁：《信息基础设施、公共服务供给效率与城市创新——基于"宽带中国"试点政策的实证研究》，《城市问题》2022年第1期。
[5] 《中共中央关于完善社会主义市场经济体制若干问题的决定》，《国务院公报》2003年第34号，2003年12月10日，中国政府网，https://www.gov.cn/gongbao/content/2003/content_62494.htm。
[6] 《中共中央关于构建社会主义和谐社会若干重大问题的决定》，《国务院公报》2006年第33号，2003年12月10日，中国政府网，https://www.gov.cn/gongbao/content/2006/content_453176.htm。

在 2008 年、2013 年和 2018 年进行了三次大规模的国务院机构改革，致力于服务型政府建设。[①]

服务型政府以为人民服务为根本价值导向，建设服务型政府是治理模式转型和政府职能重构的重要内容。与之相对的既有"发展型政府"，也有"统治型政府""管理型政府"等概念。[②]

确立服务边界是服务型政府建设的先决条件，而在中国的政策实践中，常常出现服务边界认知不清的问题，面临服务型政府与有限政府的矛盾。因此，有研究者对"服务型政府"这一概念或理念的使用提出了警示，要避免将服务泛化，使政府承担无限责任，同时也要避免抑制企业、社会组织自主提供服务的活力。[③] 此外，郁建兴、高翔研究发现，由于"政府间职责分工不合理，社会政策体系整体规划缺失，以及公共服务供给机制不完善，使得发展型政府难以超越，政府转型远未完成"[④]。

（二）政府与市场主体的关系

在较长一段时间里，一些研究者认为，中国公共服务供给主体单一，这与公众不断增加且日趋多样化的需求不相符合，单纯依靠政府已无法提供令公众满意的公共服务。[⑤] 通过政府间协议、合同承包、特许经营、凭单制、补助、志愿服务、自由市场、社区治

[①] 田小龙：《后新公共管理改革与中国的服务型政府建设》，《公共管理与政策评论》2023 年第 2 期。

[②] 吴金群、刘花花：《超越抑或共进：服务型政府与发展型政府的关系反思》，《浙江大学学报》（人文社会科学版）2021 年第 5 期。

[③] 详见姜明安《建设服务型政府应正确处理的若干关系》，《北京大学学报》（哲学社会科学版）2010 年第 6 期；仇叶《基层服务型政府建设中的服务泛化问题及其解决》，《中国行政管理》2020 年第 11 期。

[④] 郁建兴、高翔：《中国服务型政府建设的基本经验与未来》，《中国行政管理》2012 年第 8 期。

[⑤] 范柏乃、唐磊蕾：《基本公共服务均等化运行机制、政策效应与制度重构》，《软科学》2021 年第 8 期。

理、自我服务等制度安排，"可以划定政府与市场在公共服务供给中的责任边界"①。一些研究建议，应构建政府与其他组织合作的"一主多元"供给模式。② 这种模式以政府主导机制、市场竞争机制和社会参与机制作为支柱，政府、市场、社会组织各自扮演不同的角色。③

在这一主题之下，有一个引发学者普遍关注的议题，即政府购买服务。在中央明确"加强基层社会管理和服务体系建设""发挥社会力量参与社会管理的基础作用"等要求的背景下，社会组织参与的政府购买服务近年来得到较多关注。国际经验显示，政府与提供公共服务的主体之间存在复杂关系。传统研究呈现的是两者之间监管与被监管的关系，通常讨论在什么情况下，政府能通过有效监管提高服务质量，比较典型的解决方案则是提高服务供给方的竞争性。④ 此外，还有一部分研究认为，政府在购买公共服务的过程中，也能通过特定的制度安排，与服务提供者、居民之间建立一种合作关系。⑤

从政府购买公共服务的出发点来看，中国与西方国家存在显著差异。有学者指出，在西方国家，政府购买公共服务主要是为了应

---

① 张菀洺：《政府公共服务供给效率的经济学分析》，《数量经济技术经济研究》2008年第6期。

② 周义程：《公共服务供给主体选择的悖论及其消解策略》，《行政与法》（吉林省行政学院学报）2005年第11期；潘心纲、张兴：《当代中国基本公共服务均等化的实现路径》，《江汉大学学报》（社会科学版）2014年第1期；庞丽娟、冯江英：《学前教育公共服务分类与"一主多元"供给机制设计》，《中国教育学刊》2014年第7期。

③ 庞丽娟、冯江英：《学前教育公共服务分类与"一主多元"供给机制设计》，《中国教育学刊》2014年第7期。

④ Girth A. M., Hefetz A., & Johnston J. M., et al., "Outsourcing Public Service Delivery: Management Responses in Noncompetitive Markets", *Public Administration Review*, Vol. 72, No. 6, 2012, pp. 887-900.

⑤ Kekez A., Howlett M. & Ramesh M., Collaboration in public service delivery: Promise and Pitfalls. Edward Elgar Publishing Limite (2019).

对政府危机、减少财政支出，提高服务效率；而中国政府购买公共服务旨在主动地创新公共服务供给机制、转变政府职能、构建服务型政府和推进国家治理能力现代化。[①] 早在1995年，上海浦东新区就开始探索政府购买公共服务的模式。以此为起点，王浦劬等将中国政府向社会组织购买公共服务的发展过程分为两个阶段：20世纪90年代初到2013年是"改革的初始启动和探索发展阶段"，其特征是"以地方政府为主导，启动自下而上的探索和试验，为公共服务供给机制的改革积累经验"；2013年后则是第二个阶段，全国对这项改革逐步达成共识，"中央和地方政府连续出台一系列条例、法规和实施办法，在公共服务生产和供给中的政府向社会力量购买公共服务改革，在全国各地全面推进和不断深化"[②]。从购买的服务内容来看，政府购买服务以"人工服务"为主，如唐钧指出的：大多数情况下，由于对老年人、残疾人等特殊人群提供的服务"基本上都是人对人的服务，所以，在社会服务领域，政府购买公共服务实际上购买的就是人工"[③]。从购买服务的层级来看，当前政府购买公共服务实践主要发生在基层，尤其是城市街道、社区。[④]

与西方国家相比，中国政府购买公共服务还存在一些特殊问题。首先，中国政府购买公共服务的制度规范和探索实践缺乏明确的"购买边界"，导致"地方政府理解不一，公共服务购买边界呈现出较大的随意性"[⑤]。其次，从实践操作来看，行政管理机制呈现

---

① 魏娜、刘昌乾：《政府购买公共服务的边界及实现机制研究》，《中国行政管理》2015年第1期。
② 王浦劬、Jude Howell 等：《政府向社会力量购买公共服务发展研究：基于中英经验的分析》，北京大学出版社2016年版。
③ 唐钧：《政府购买服务：购买的究竟是什么》，《中国社会保障》2012年第3期。
④ 朱健刚、陈安娜：《嵌入中的专业社会工作与街区权力关系——对一个政府购买服务项目的个案分析》，《社会学研究》2013年第1期。
⑤ 项显生：《我国政府购买公共服务边界问题研究》，《中国行政管理》2015年第6期。

出过于强调"事"而忽视"人"的倾向，一些项目经费使用的要求中甚至标明不能支付人工费用，使"服务项目"难以操作。① 再次，社会组织活力不足。从社区层面来看，尽管社区拥有法律规定范围内的基层群众自治组织，但由于社区处于中国治理体系的最末端，在面临诸多难以"分解转移"的行政任务时，可能会"干预社会组织的运作，通过控制社会组织来提升社区应对压力的资源空间"②。最后，对于社会组织提供的公共服务，政府作为购买者，还缺乏较为客观的绩效评估。各种指标"主观性较强、模糊性较大，服务标准不易具体化"，难以对服务质量进行标准化的测度。③

第三节 研究述评与本研究框架

从上述研究可以看出，公共服务是一个知识承载空间较大且起步较早的研究领域。仅就公共服务政策研究而言，中国已形成公共管理学、社会学、人口学、经济学、城市规划学等多学科视角共同参与的研究格局。既有研究成果丰富，从不同角度指出了政策实践中的各种问题与可能的改进方向。

但与公共服务政策体系改革不断深化的进程相比，相关研究还略显滞后。这主要表现在：（1）既有研究长期以来关注基本公共服务的均等化发展，不同群体多层次需求还未得到充分呈现，尤其是对于如何有效对接非基本公共服务和生活服务需求，现有研究还未展开深入探讨；（2）公共服务涉及多个行业领域，推动相关行业领

---

① 唐钧：《政府购买服务：购买的究竟是什么》，《中国社会保障》2012年第3期。
② 陈家建、赵阳：《"低治理权"与基层购买公共服务困境研究》，《社会学研究》2019年第1期。
③ 王浦劬、Jude Howell 等：《政府向社会力量购买公共服务发展研究：基于中英经验的分析》，北京大学出版社2016年版。

域的深度融合发展已成为公共服务创新发展的新方向，但现有研究对此分析探讨还较少；（3）近年来，数字技术广泛融入城市治理已成为难以逆转的趋势，对于如何深化数字赋能、改革公共服务供给体制机制，从而推动公共服务智慧化便捷化，还缺乏全面系统的研究。

本书立足成都市现状与未来发展目标，旨在探索公共服务改革深化路径。全书共分为六章。其中，第一章厘清了公共服务的概念与类别，梳理了与公共服务政策相关的学术研究。第二章对中国公共服务政策发展历程进行了回顾，分析了中国城市未来公共服务改革趋势。第三章立足当前，对成都市公共服务发展现状进行了系统梳理和总结，分析了政策改革面临的机遇和挑战。第四章则介绍了国内外部分先进城市的发展经验，从公共服务制度体系建设、提质增效、区域间均衡化发展、多元参与供给、智慧化供给等方面为成都市公共服务改革深化提供了启示。第五章和第六章着眼未来，以国家、省、市重大战略要求和公共服务发展规划为依据，对成都市公共服务改革方向进行了预判，确定了改革目标，进而提出推进成都公共服务改革的政策举措，为成都市推进经济高质量发展、实现新时代"三步走"战略目标提供基础支撑。

第 二 章

公共服务的政策实践及发展趋势分析

本章节按不同时期梳理了改革开放以来中国公共服务政策的阶段性特征，总结政策特征及实践中的问题，试图把握中国公共服务政策历史演进逻辑。

第一节 中国公共服务政策发展回顾

公共服务政策是社会政策的一个重要组成部分，其发展与政治经济环境、国家/地区经济发展水平紧密联系，因而具有明显的阶段性。学界通常根据公共服务政策的供给水平、主要目标或政策措施的差异，将其划分为诸多阶段，形成许多具有重要学术价值的成果。[①] 现有研究成果介绍了各个时期政治、经济与社会背景，基于

[①] 详见姜晓萍《中国公共服务体制改革30年》，《中国行政管理》2008年第12期；郁建兴《中国的公共服务体系：发展历程、社会政策与体制机制》，《学术月刊》2011年第3期；何水《中国公共服务改革：实践透视与路径探寻》，《郑州大学学报》（哲学社会科学版）2013年第6期；叶响裙《公共服务多元主体供给：理论与实践》，社会科学文献出版社2014年版；万筠、王佃利《走向均衡与可持续的发展之路：中国城市公共服务40年》，《城市治理研究》2019年第1期；以及关信平《中国共产党百年社会政策的实践与经验》，《中国社会科学》2022年第2期。

不同逻辑勾画出公共服务政策发展的历史脉络,为抓住政策改革主线提供了富有启发性的观点。

但同时需要看到的是,在已有部分研究中,一些归纳表述未能准确反映相应阶段政策最重要的特征,一些阶段划分方式也有待商榷。例如,个别学者将1979年至2012年这三十余年笼统划为一个时期,认为该时期政府在公共服务的供给上偏向城市,以经济建设为中心而忽视社会建设,这样大跨度的划分方式无疑忽略了30多年来中国公共服务政策发展历程中的一些标志性节点,导致阶段特征的总结与实际经验不符。此外,对于2002年以来的十余年,一些学者将其统一划归为"基本公共服务均等化推进时期",而忽略了在这一目标下,政府循序渐进开展的体制机制改革及其对公共服务体系产生的影响。

这些问题的出现,一方面或许是因为部分研究者没有完全将公共服务政策发展嵌入更大的时代背景,作为中国宏观体制机制改革中的一部分来看待,导致公共服务政策演进的深层次逻辑没有完全凸显出来,评价失之偏颇;另一方面或许也与政策文本纵向对比不够充分有关,使得不同时期的政策改革侧重点被近似的目标表述掩盖,忽略了某些政策表述沿用的是此前其他政策已确定的文字,从而对某些政策重要程度估计产生偏差,选择了不太贴合实际的时间节点来作为相应阶段的首尾。伴随国内外形势变化以及改革持续推进,中国公共服务政策体系建设面临新的任务,也呈现出一些新的特点,需要根据最新的发展环境,以更全面的视角来回顾政策发展历程。

在综合既有研究观点的基础上,本书认为,改革开放以来中国公共服务政策的整体演进历程大致可以分为五个阶段:公共服务体制改革初期(1978—1984年),公共服务体制改革全面启动期(1985—1991年),市场化兴起与公共服务体制改革快速发展期

(1992—2002年),城乡基本公共服务差距快速缩小期(2003—2012年),适应高质量发展要求的多层次公共服务体系构建期(2013年至今)。在每个时期,中央都根据当时的国内外形势提出一些重要论断与经济社会发展总要求,实施了一些涉及政府职能定位的重要改革,这对相应阶段公共服务政策的发展目标、工作开展原则产生了重要影响。以下将分别介绍各个时期的宏观改革背景,且主要从教育、医疗卫生和劳动保障领域介绍不同时期出台的政策制度及其成效,以及相应阶段存在的问题。

一 公共服务体制改革初期(1978—1984年)

1978年党的十一届三中全会确立了"以经济建设为中心"的指导思想。党中央逐渐加大对教育、卫生医疗等事业的重视,提出一系列新论断新要求。当时,公共服务各个领域都面临群众需求大、基本公共服务供给少、各方面资金投入少的困境。具体表现为服务供给总量严重不足、专业人员数量少和积极性不够、设施设备老旧缺乏,而国家财政水平又极低。

1982年第五届全国人大第五次会议通过修订后的"八二宪法",确定了国家在普及初等义务教育、发展医疗卫生、发展文化事业等方面的责任。在这一时期,教育体制与卫生体制成为公共服务领域改革的切入口。中国一方面强化政府责任,另一方面也承认在人口众多、经济不发达、政府财力有限的情况下,政府难以对基本的医疗卫生服务和教育服务完全兜底,因而主张"两条腿走路",调动各方面积极性参与到服务供给中来。

在教育领域,政府责任得到进一步强化,确定政府、集体、企业和群众自筹共同参与办学的路径。改革开放初期,中央意识到教育对国家经济社会发展的重要意义,将普及小学和初中教育作为改革的切入点。1980年12月,党中央和国务院颁布《关于普及小学教育若干问题的决定》，明确了在 20 世纪 80 年代全国基本实现普及小学教育的任务，也确定了政府发展小学教育的责任——必须逐步地提高教育投资的比重，改变教育经费过少的状况；对于最贫困的地区，由国家"包下来"实施免费教育；在其他地区，则"坚持'两条腿走路'的方针"，以国家为主体，且充分调动集体、企业和群众的力量。

在医疗卫生服务领域，运用经济手段管理和激励医疗服务机构、医务工作者是该领域改革的一个重要思路。卫生系统借鉴农村经济体制改革和国有企业改革的经验，以"多渠道办医"和"简政放权"政策为主，在各级医院推行责任承包制，做到放权、让利、搞活，这在一定程度上激发了医务人员服务积极性。[①] 从 1979 年卫生部、财政部、国家劳动总局出台《关于加强医院经济管理试点工作的通知》到 1980 年国务院批转卫生部《关于允许个体开业行医问题的请示报告》，再到 1981 年卫生部发布《医院经济管理暂行办法》，医疗市场逐渐开始向民办医院和个体医生敞开大门，为社会力量参与医疗卫生服务提供了可行路径。

在劳动保障领域，面临市场经济给企业带来的社会保障负担畸轻畸重、对劳动者的保护不均衡等问题，虽然这一时期还未出台有针对性的改革政策。但劳动人事部、中国劳动学会围绕如何建立和改善具有中国特色的社会主义保险福利制度组织了一些重要讨论，提出了"保险社会化""保险基金统筹"等改革议题。[②]

总的来看，尽管有学者认为这一阶段公共服务领域改革的彻底性还不够，基本上还是停留在计划经济时代的政府包揽、分级承担

---

① 崔钧：《改革开放以来的卫生事业》，人民出版社 2019 年版。
② 中国劳动学会秘书处：《改革保险福利制度的理论探讨——记保险福利问题学术讨论会》，《中国劳动》1983 年第 18 期。

模式，难以满足市场经济发展的要求①。但考虑到改革初期解放思想、工作重点转移的难度，这种包揽模式无疑是一种被动选择。实际上，无论从教育还是医疗卫生领域的政策文本来看，中央都清楚地意识到，哪怕是最基本的公共服务，也不可能完全由国家包下来，要充分调动社队集体、厂矿企业和群众自筹经费的积极性，需要给予公共服务机构较大的自主权和机动权；医疗卫生领域也开启了多元参与公共服务供给制度的大胆探索。

二 公共服务体制改革全面启动期（1985—1991年）

1984年10月，党的十二届三中全会通过了《中共中央关于经济体制改革的决定》，总结了农村改革的成功经验并明确提出要"加快以城市为重点的整个经济体制改革的步伐"，改革自此由农村走向城市和整个经济领域，这对公共服务领域也产生了较大影响。

为了完成中国体制改革的整体战略部署，自1985年开始，教育、医疗卫生、劳动保障等领域加快了改革步伐，出台了一些具有重要意义的政策甚至颁布了专门法，为构建稳定规范的公共服务体制提供了保障。在这一时期，中央财政仍然有限，难以为基本公共服务发展提供足够的资金支持。因此，地方政府与服务机构自身成为增加公共服务投入的重要主体。

在教育领域，中共中央于1985年公布《关于教育体制改革的决定》（以下简称《决定》），强调了政府发展教育的责任，要求各级党委和政府把发展教育作为主要任务之一。《决定》还对财政投入增幅作了约束性规定，即"中央和地方政府的教育拨款的增长要高于财政经常性收入的增长，并使按在校学生人数平均的教育费用逐步增长"。从中央—地方关系来看，发展基础教育的权责主要划

---

① 姜晓萍：《中国公共服务体制改革30年》，《中国行政管理》2008年第12期。

给地方政府；为解决县办县管负担过重的问题，《决定》的起草借鉴了基层探索出的经验，确定了基础教育由地方负责、省市县乡分级管理的原则[①]；除国家拨款以外，《决定》还明确要求地方机动财政应保留一定比例用于教育，乡财政收入应主要用于教育。1986年，中国颁布《中华人民共和国义务教育法》，将义务教育确定为"国家必须予以保障的公益性事业"，明确"义务教育全面纳入财政保障范围"，为稳定教育公共服务供给提供了发展保障。

医疗卫生领域则以国企改革为模板，实施了以放权让利、扩大医院自主权为核心思路的改革。1985年，国务院转发卫生部《关于卫生工作改革若干政策问题的报告》。报告认识到经费和投资严重不足、政策"限制过严、管得过死"是造成卫生事业发展缓慢的问题，因而确定了"调动各方面的积极性，改善服务态度，提高服务质量和管理水平"的改革目标，明确了中央和地方逐步增加卫生经费和投资，同时多方集资、简政放权的改革思路。这一政策的出台标志着中国正式启动全面医改，正因如此，1985年也被称为"中国医改元年"[②]。为进一步深化改革，1989年，国务院批转卫生部等五部门《关于扩大医疗卫生服务有关问题的意见》，针对长期以来存在的政策限制过严问题，提出积极推行各种形式的承包责任制、有条件情况下允许有偿服务、适当拉开服务收费档次等措施。此外，中国公共服务政策的发展也受到国际社会的影响。在世界卫生组织"2000年人人享有卫生保健"的倡议引导下，1986年中国政府明确表示了对这一目标的承诺。1990年3月，卫生部等五部门联合发布《关于我国农村实现"2000年人人享有卫生保健"的规划目标》，提出符合中国国情的12个指标最低限标准。

---

① 张天保：《教育回望：1985〈中共中央关于教育体制改革的决定〉》，2009年。
② 黎燕珍：《中国医改：20年再回首》，《中国改革》2005年第10期。

在劳动就业和社会保障领域，1986年4月，中共中央、国务院发布《关于认真执行改革劳动制度几个规定的通知》，随后3个月国务院公布了有关劳动制度改革的四个规定，这几个政策文件阐述了劳动制度改革的背景和目标方向。1991年国务院颁布《关于企业职工养老保险制度改革的决定》，明确了中国社会保险发展的基本方向和路径，对中国社会保障的制度转型和社会保险的制度建立与定型起到了关键的引导作用。[1] 1992年，民政部出台了《县级农村社会养老保险基本方案（试行）》，加速了农村社会养老保险制度建设。当时全国城镇企业职工社会养老保险制度有上百种改革方案，"出现了各地区之间养老金水平攀比，中央难以管理、调控，职工跨地区流动困难等问题"[2]，但职工养老保险制度改革在一定程度上减少了此前劳动制度中"包得过多、统得过死、能进不能出"等问题，在社会保障制度建立前的过渡期内，这些政策发挥了保护劳动者权益的作用。

尽管起步艰难，但上述政策的出台为公共服务主要领域的体制改革提供了政策性指导，逐步明确了公共事业恢复的总体思路，而且这一时期确定了一些对后期公共服务体系建设产生持久影响的原则。例如，地方卫生/教育事业主要依靠地方投资，中央和地方政府的教育拨款的增长要高于财政经常性收入的增长，等等。

三　市场化兴起与公共服务体制改革快速发展期（1992—2002年）

1992年和1993年，党的十四大和十四届三中全会先后召开，

---

[1] 周弘：《中国社会保障制度的百年建设与国际比较》，《人民论坛·学术前沿》2021年第19期。

[2] 卢驰文：《中国社保改革研究》，上海财经大学出版社2017年版，第62页。

中国确立了建立社会主义市场经济体制的目标，政府职能转变是实现这一目标的关键一环。为发挥市场对资源配置的基础性作用，政府需要逐渐将职能重心转移到宏观调控、公共服务、社会保障等方面。受宏观层面改革的影响，公共教育、医疗卫生、社会保障等领域按照基本构建社会主义市场经济体制的要求，逐步推动改革深化，各领域均实施了一些具有标志性意义的改革举措。

在教育方面，中国继续完善基础教育地方负责、分级管理的体制，同时也积极鼓励和支持社会力量办学。1993年，中共中央、国务院印发《中国教育改革和发展纲要》（以下简称《纲要》），提出"继续完善分级办学、分级管理的体制"，进一步明确中央政府和地方政府在教育管理方面的职责；同时《纲要》也鼓励企事业单位和其他社会力量多渠道筹资、多形式办学，"打开了市场介入基础教育的闸门"[1]。在教育经费非常紧缺的现实下，为保证教育经费的稳定投入，《纲要》提出"逐步提高国家财政性教育经费支出占国民生产总值的比例，本世纪末达到4%"的目标，为解决教育经费不足问题提供了明确指导。1999年2月，教育部正式发布《面向21世纪教育振兴行动计划》，强调了鼓励各类主体发展教育事业的重要性，提出"今后3至5年，基本形成以政府办学为主体、社会各界共同参与、公办学校和民办学校共同发展的办学体制"的目标。2001年5月国务院发布《关于基础教育改革与发展的决定》，更加突出基础教育的优先地位，并将加强农村义务教育视作涉及农村经济社会发展全局的一项战略任务。

在医疗卫生方面，此阶段市场化进程加快，有关政府与市场角色的讨论趋于激烈。1992年，卫生部发布《关于深化卫生改革的

---

[1] 阮成武：《基础教育改革顶层设计的进路与反思：1980—2020》，《南京师范大学学报》（社会科学版）2021年第1期。

几点意见》(以下简称《意见》),支持医疗卫生单位兴办医疗卫生延伸服务的工副业或其他产业,"以工助医,以副补主"。尽管《意见》要求"国家和地方要逐年增加对卫生事业的投入,使卫生投入的增长速度高于国家财政增长的速度",但这一阶段政府投入占医院收入的比重呈总体下降趋势,直到2003年才有所改观;医院运行主要靠向患者收费,"从机制上出现了市场化的导向,公益性质淡化"[①]。1997年和2002年,中共中央、国务院先后作出了《关于卫生改革与发展的决定》和《关于进一步加强农村卫生工作的决定》,明确中国卫生事业的性质是"政府实行一定福利政策的社会公益事业",各级政府"对农村公共卫生工作承担全面责任",强调"卫生事业发展必须与国民经济发展相协调,人民健康保障必须与经济发展水平相适应"。

在劳动者社会保障方面,由城镇职工社会保险各项制度的建立开始,中国逐步启动社会保障政策改革。1995年3月,国务院下发《关于深化企业职工养老保险制度改革的通知》,提出"统账结合"两种实施方案,并允许各地自行选择进行试点。在总结前几年改革试点经验的基础上,1997年7月,国务院颁布了《关于建立统一的企业职工基本养老保险制度的决定》,从缴费比例、账户设置、养老金构成及标准等方面提出了统一要求,将养老保险覆盖范围进一步扩大到城镇所有企业及其职工,并鼓励对城镇个体劳动者也逐步实施基本养老保险制度。这标志着中国城镇职工基本养老保险制度的初步建立。1998年8月,国务院印发《关于实行企业职工基本养老保险省级统筹和行业统筹移交地方管理有关问题的通知》,明确省级统筹和行业统筹业务移交地方管理,设立了到2000年地

---

① 高强:《卫生事业的改革与发展报告》,2005年10月20日,中国政府网,http://www.gov.cn/ztzl/2005-10/20/content_80720.htm。

方政府范围内"基本实现统一企业缴纳基本养老保险费比例,统一管理和调度使用基本养老保险基金,对社会保险经办机构实行省级垂直管理"的目标。

除了养老保险,城镇居民低保制度、城镇职工医保制度和失业保险制度也在这一时期取得里程碑式的进步。1997年至2000年,国务院先后颁布了《关于在全国建立城市居民最低生活保障制度的通知》《关于建立城镇职工基本医疗保险制度的决定》《关于城镇社会保障体系改革的试点意见》等文件;《失业保险条例》也于1999年正式实施。中国为建立统一的城镇职工/居民社会保障制度加快了改革步伐。

这一时期,不仅各个领域的公共服务政策呈改革深化趋势,而且社区作为提供公共服务的重要场域得到中央更多重视。1993年8月,民政部、国家计委、国家体改委等14个部委联合颁布了《关于加快发展社区服务业的意见》(以下简称《意见》)。《意见》将社区服务业作为第三产业的一部分,明确了社会化、产业化和法制化的发展方向。[①] 自此,社区服务业被纳入国家计划进行统筹规划,由民政主导变为多部门协调的工作。1995年,民政部出台了《全国社区服务示范城区标准》,提出了社区公共服务业产值年增长率和利润年增长率的概念。2000年,中共中央办公厅、国务院办公厅转发了民政部《关于在全国推进城市社区建设的意见》,明确"把服务社区居民作为社区建设的根本出发点和归宿",并确定了弱势群体、普通社区居民、单位、下岗职工等四大类服务对象。[②] 在

[①] 《转发国家民政部等十四个部委关于加快发展社区服务业的意见的通知》,《广州市人民政府公报》,1994年第2期,https://www.gz.gov.cn/zwgk/gongbao/1994/2/content/post_9040500.html。

[②] 《民政部关于在全国推进城市社区建设的意见》,2000年12月13日,光明网,https://www.gmw.cn/01gmrb/2000-12/13/GB/12%5E18633%5E0%5EGMA1-109.htm。

《关于全国推进城市社区建设的意见》以及随后启动的"全国城市社区建设示范活动"的推动下，全国许多城市都开始大力发展包括家政服务、维修服务、接送服务、幼儿服务、社区商业网点等在内的社区服务业。[1]

姜晓萍对这一阶段公共服务体制改革的特点作了精确的总结，她认为"公共服务供给的社会化和市场化"是这一时期的鲜明特点，在此主线下，政府尝试建立与其他主体对公共服务的分担机制，"重点解决建立市场经济体制与现代企业体制进程中凸显的城镇公共服务短缺问题"，但也在一定程度上"忽视了农村公共服务短缺问题"。[2] 城乡之间、区域之间公共服务水平的差距逐步扩大；而医疗卫生领域的市场化趋势，以及教育领域的经费投入机制失灵引发了人们的担心。如何缓解这些问题，成为下一阶段公共服务政策改革的方向。

四 城乡基本公共服务差距快速缩小期（2003—2012 年）

在这一阶段，中国与公共服务相关的宏观改革有两条主线。一条主线是建设服务型政府。党的十六大以后，中国强化了政府公共服务职能，加强政府在基本公共服务供给方面的主体责任，通过密集出台以民生为导向的社会政策，努力改善人民生活。如郁建兴、高翔所指出的，"基本公共服务体系构建和公共财政体制改革等构成了服务型政府建设走向制度化的保障"[3]。另一条主线是统筹城乡发展。这一时期党中央、国务院出台了一系列支农惠农的重大政策，填补了农村公共服务体系长期以来存在的一些制度性缺失，推

---

[1] 万正艺：《城市社区公共服务的发展历程与变迁逻辑》，《城市问题》2020 年第 4 期。
[2] 姜晓萍：《中国公共服务体制改革 30 年》，《中国行政管理》2008 年第 12 期。
[3] 郁建兴、高翔：《中国服务型政府建设的基本经验与未来》，《中国行政管理》2012 年第 8 期。

进城乡公共服务均等化。这两条主线交织在一起，使得政府增加了对公共服务领域的重视与财政投入，并将缩小城乡基本公共服务差距作为一个基本政策取向。从2003年农村税费改革到2012年《国家基本公共服务体系"十二五"规划》出台之前，这几年可以看作城乡区域基本公共服务均等化时期。

2003年在全国推开的农村税费改革成为这一时期公共服务政策改革的一个关键事件。取消农业税后，公共服务资源配置原则发生巨大变化，中央和地方财政加大了对农村公共产品和公共服务的投入力度。农村公共产品供给资金来源进入"以制度内供给为主"的阶段[1]，各个领域逐步建立起适用于农村、可负担的基本公共服务体系。2006年《中共中央关于构建社会主义和谐社会若干重大问题的决定》（以下简称《决定》）也是这一时期的一个纲领性文件。《决定》明确了缩小地区间基本公共服务差距的目标，提出"各级政府要把基础设施建设和社会事业发展的重点转向农村，国家财政新增教育、卫生、文化等事业经费和固定资产投资增量主要用于农村……中央财政转移支付资金重点用于中西部地区，尽快使中西部地区基础设施和教育、卫生、文化等公共服务设施得到改善，逐步缩小地区间基本公共服务差距"[2]。在《决定》的指引下，各个领域的"十一五"规划及其他重要政策文件中都融入了这一要求。

在教育方面，这一时期出台的政策强调将促进公平作为基本工作方针，加强了教育经费投入保障。2003年全国农村教育工作会议确立了"在国务院领导下，由地方政府负责、分级管理、以县为主"的农村义务教育管理体制，进一步明确了各级政府保障农村义

---

[1] 周青：《农村公共产品供给体制的历史沿革与比较》，《党史研究与教学》2012年第6期。

[2] 《中共中央关于构建社会主义和谐社会若干重大问题的决定》，2006年10月19日，中国青年报，https：//zqb.cyol.com/content/2006-10/19/content_1543691.htm。

务教育投入的责任。随后，国务院先后发布了《关于进一步加强农村教育工作的决定》《关于深化农村义务教育经费保障机制改革的通知》等系列文件，为促进基本教育公平、缩小城乡差距指明了方向，通过构建中央和地方"分项目、按比例"分担的体系，来加强对农村义务教育经费的保障。2006年，新修订的《义务教育法》正式施行，新《义务教育法》将义务教育全面纳入公共财政的保障范围，并强调对农村、民族地区的保障。2007年出台的《国家教育事业发展"十一五"规划纲要》以及2010年颁布的《国家中长期教育改革和发展规划纲要（2010—2020年）》进一步强调了要改善教育资源的配置，要"向农村、边远贫困地区和民族地区倾斜"，逐步改变城乡、区域教育发展不平衡的状况。两份纲要还明确提出"保证教育财政拨款增长明显高于财政经常性收入增长"的要求，到2012年财政性教育经费占国内生产总值的比例须达到4%。

在医疗卫生领域，这一时期国家更重视农村卫生服务体系的建设；从城乡整体来看，则更加突出基本公共卫生服务的公益性质，强调政府在实现"人人享有初级卫生保健"目标中的主导责任。2002年10月印发的《中共中央 国务院关于进一步加强农村卫生工作的决定》为这一阶段的农村卫生工作开展提供了指引，并开启了新型农村合作医疗制度改革。2006年8月，国务院批准实施《农村卫生服务体系建设与发展规划》，针对资金投入不足、体制改革滞后、农民缺乏基本医疗保障等问题提出了四项措施。在着力缩小城乡之间居民健康水平差距的同时，中国城市医疗卫生服务政策也在不断完善。2006年2月，《国务院关于发展城市社区卫生服务的指导意见》指出城市卫生服务资源分布的问题和原因，即"优质资源过分向大医院集中，社区卫生服务资源短缺、服务能力不强、不能满足群众基本卫生服务需求"，从规划制定、经费投入、费用结算、部门协作等方面擘画了社区卫生服务的发展蓝图。2007年党的十七大没有继续使用世卫组织提出的"人人享有初级卫生保健目标"表述,而是将"人人享有基本医疗卫生服务"纳入全面建设小康社会的目标,提出"坚持公共医疗卫生的公益性质……强化政府责任和投入"。次年3月发布的《卫生事业发展"十一五"规划纲要》则进一步提出,要"统筹城乡、区域卫生协调发展……缩小城乡之间、区域之间、人群之间卫生服务差距,努力实现人人公平享有基本卫生保健目标";而且再次强调了政府责任与医疗卫生服务的公益性,将"坚持以政府为主导,强化政府责任……坚持公益性质,扭转盲目追求经济利益倾向"作为基本原则之一。2009年,中共中央、国务院发布《关于深化医药卫生体制改革的意见》,从而开启了我国新一轮医改。《关于深化医药卫生体制改革的意见》提出,要"建立覆盖城乡居民的基本医疗卫生制度","保障人人享有基本医疗卫生服务",明确了公共卫生服务体系、医疗服务体系、医疗保障体系、药品供应保障体系这四大体系的改革措施。

在社会保障方面,这一时期最明显的特征是农村养老保险制度和低保制度的建立。在此之前,农村社会保障制度的构建明显滞后于城市。2002年党的十六大报告提出,要建立健全同经济发展水平相适应的社会保障体系,并鼓励有条件的地方探索建立农村养老、医疗保险和最低生活保障制度。从2003年开始,全国多地先后探索新型农村养老保险试点。农村低保制度的建设进程则是自2007年开始全面铺开的。2007年召开的党的十七大明确提出要"建立覆盖城乡居民的社会保障体系",加快了社会保障体系的完善步伐。2008年,党的十七届三中全会通过了《中共中央关于推进农村改革发展若干重大问题的决定》,系统提出了健全农村社会保障体系的方向性意见,包括"建立新型农村社会养老保险制度……探索城乡养老保险制度的有效衔接""完善农村最低生活保障制度……做到应保尽保,不断提高保障标准和补助水平"等。2010年全国人大常委会通过《社会保险法》，为城镇居民和新型农村社会养老保险制度的进一步完善奠定了法律基础。这些制度的构建使社会保障覆盖率与保障水平得到大幅度提升。

在这一时期，中国基本公共服务的制度框架基本形成，初步解决了城市社区公共服务体系不完善，农村地区基本公共服务供给不足、规范性不够的问题。和其他同样以基本公共服务均等化为目标的阶段不同，这一阶段的公共服务政策有两大特征。一是着力解决城乡、区域间的基本公共服务不均等问题。在这一时期，从基础设施建设到义务教育、新农合、大病救助、基础养老金等，基本改变了长期形成的"城镇人的事政府办，农民的事自己办"的格局。各个行业部门以统筹城乡、区域协调发展为目标，有针对性地扩展基本公共服务的覆盖范围。二是突出政府主导的基本原则，强化政府在基本公共服务供给中的责任。这突出表现在医疗卫生领域。

但同时，由于缺乏制度的顶层设计和整体规划，围绕基本公共服务到底是什么、涵盖哪些方面、政府职责是什么等问题，缺乏明确的社会共识；在基本公共服务体系碎片化的情况下，服务供给不足、发展不平衡的矛盾十分突出。2012年，在国新办一场新闻发布会上，公布了当时基本公共服务供给存在的三大主要问题：（1）供给总量不足；（2）发展不平衡，城乡区域差距仍然明显，部分弱势群体的基本公共服务还未得到充分保障；（3）体制机制还不够健全，例如，"城乡区域制度设计不衔接，管理条块分割，资源配置不合理，服务提供主体和提供方式比较单一，基层政府财力与事权不匹配等问题较为突出"。[①]

[①] 《国新办就〈国家基本公共服务体系"十二五"规划〉有关情况举行发布会》，2012年7月19日，中国网，http://www.china.com.cn/zhibo/2012-07-19/content_25930645.htm。

五　适应高质量发展要求的多层次公共服务体系构建期（2013年至今）

党的十八大以来，党中央把逐步实现全体人民共同富裕摆在更加重要的位置上，尤其是脱贫攻坚行动极大补齐了落后农村地区基本公共服务供给的短板，有效解决了农村贫困群体在教育、医疗、住房、就业等方面存在的困难，建立起针对农村困难群众的动态监测与帮扶机制，形成较为完备的基本公共服务供给系统。对于公共服务供给方式，党的十八大强调"要加强和创新社会管理，改进政府提供公共服务方式"；国务院"对进一步转变政府职能、改善公共服务作出重大部署，明确要求在公共服务领域更多利用社会力量，加大政府购买服务力度"[1]。

在这一时期，"十二五"规划纲要把基本公共服务置于更加突出的位置。为贯彻落实"十二五"规划纲要对基本公共服务任务的要求，2012年，中国出台了基本公共服务领域在国家层面的首个总体性规划，即《国家基本公共服务体系"十二五"规划》，明确了基本公共服务概念和范围、未来发展的基本要求与目标，阐明了国家基本公共服务的制度安排，引导公共资源配置，努力提升基本公共服务水平和均等化程度。

在上述背景下，公共服务体系建设推进的一项重要工作就是基本公共服务的标准化。2017年3月，国务院印发《"十三五"推进基本公共服务均等化规划》，制定了中国基本公共服务的制度框架，并明确了基本公共服务供给质量的标准，首次确立了"国家基本公共服务清单制"，在公共教育、劳动就业创业、社会保险、医疗卫

---

[1] 《国务院办公厅关于政府向社会力量购买服务的指导意见》，《国务院公报》2013年第29号，https://www.gov.cn/gongbao/content/2013/content_2509234.htm。

生等8个领域下明确了81个基本公共服务项目。① 2018年，中央办公厅、国务院办公厅发布《关于建立健全基本公共服务标准体系的指导意见》。紧接着，2020年3月，中国确定了51项国家基本公共服务标准化试点项目，支持试点市县探索编制基本公共服务的标准规范、检测机制、动态调整机制等。2022年1月公布的《"十四五"公共服务规划》依然将推进基本公共服务标准体系建设作为一项重要工作内容。

在这一时期，尽管公共服务的主要目标依然是推进基本公共服务均等化，但公共服务供给机制却发生了深刻变化，其中最重要的就是进一步明确了政府与市场在公共服务供给方面的关系。党的十八大以来，中国加快了服务型政府的建设进程。2013年9月，国务院办公厅发布《关于政府向社会力量购买服务的指导意见》，充分肯定了政府购买公共服务的重要性，要求"因地制宜、积极稳妥地推进政府向社会力量购买服务工作，不断创新和完善公共服务供给模式，加快建设服务型政府"。2013年11月，中共十八届三中全会通过了《中共中央关于全面深化改革若干重大问题的决定》②，对公共服务供给中的政府与市场关系作出重要解释，要求"加强地方政府公共服务的职责"，"加大政府购买公共服务力度"。在促进公共资源的均等化覆盖方面，该《决定》还提出，要"统筹城乡基础设施建设和社区建设，推进城乡基本公共服务均等化；稳步推进城镇基本公共服务常住人口全覆盖"。

公共服务供给体制机制的变化则主要表现在三方面。一是围绕概念体系的变化，供给主体的权责得到进一步明确。基本公共服务

---

① 《我国首次推出国家基本公共服务清单》，2017年3月1日，新华网，http://www.xinhuanet.com/politics/2017-03/01/c_1120552880.htm。

② 《中共中央关于全面深化改革若干重大问题的决定》，2013年11月16日，央广网，http://finance.cnr.cn/gundong/201311/t20131116_514149853.shtml。

供给主体以政府为主，强调服务均等化；非基本公共服务强调供给主体的多元化，政府支持公益机构或市场主体广泛参与，强调服务的普惠性；生活服务完全由市场供给、居民付费享有，政府在其中主要起引导作用。二是中央与地方在基本公共服务领域的责权划分更为明晰。2018年国务院办公厅印发《基本公共服务领域中央与地方共同财政事权和支出责任划分改革方案》，规范了中央与地方支出责任分担方式，提出"逐步建立起权责清晰、财力协调、标准合理、保障有力的基本公共服务制度体系和保障机制"的目标。三是相关部门架构得到优化，增加了公共服务政策制定和实施的全局性、系统性。2018年国务院机构改革中，国家医疗保障局、国家卫生健康委员会、退役军人事务部等机构组建成立，改变了某些领域公共服务信息、资源和政策分割的局面，使得相关领域的突出问题有了进一步解决的契机。

基于党中央对中国社会主要矛盾、发展阶段的转变作出新的判断，中国对公共服务优质化的追求也已经进入一个新阶段。2017年10月，习近平总书记在党的十九大报告中提出，"我国社会主要矛盾已经转化为人民日益增长的美好生活需要和不平衡不充分的发展之间的矛盾"。2020年10月，党的十九届五中全会提出，中国已转向高质量发展阶段。[①] 推动高质量发展，也成为公共服务领域发展必须遵循的方向。2022年1月《"十四五"公共服务规划》正式印发。在这版规划中，有关公共服务体系建设的关键概念出现了两大新变化。一是"普惠性非基本公共服务"首次被纳入公共服务规划，将与基本公共服务统筹推进。二是原本在《中华人民共和国国民经济和社会发展第十四个五年规划和2035年远景目标纲要》（以

---

① 《中国共产党第十九届中央委员会第五次全体会议公报》，2020年10月29日，中国政府网，https://www.gov.cn/xinwen/2020-10/29/content_5555877.htm。

下简称《"十四五"规划纲要》）中与公共服务分属不同章节的"生活服务"也成为公共服务体系的一个有益补充[①]。这些变化意味着中国政府将更加积极主动适应人民群众需求增长和消费升级的趋势，进一步构建多层次的公共服务体系，促进基本公共服务、普惠性非基本公共服务与高品质生活服务的衔接。

总的来看，在这一时期，中国基本公共服务的构建理念逐步明晰，制度框架渐趋成熟，权责关系逐渐理顺，但与人民群众日益增长的美好生活需要相比，公共服务体制还存在进一步完善的空间。

第二节 未来城市公共服务改革趋势分析

改革开放后的 40 余年里，中国持续推动公共服务体系改革，在完善公共服务政策体系、提高服务均衡化水平与质量等方面积极探索并取得一定成效。同时要看到，随着社会经济的发展，中国经济结构出现深度调整，城乡人口结构持续变迁，居民对美好生活的向往日益增强，消费需求更加多样化。同时，数字技术的广泛应用为创新推动公共服务高质量发展带来了新机遇。在公共服务对象规模与需求、服务领域和范围、供给模式及手段均发生变化的背景下，未来城市公共服务改革将呈现以下特征。

一 改革系统化

"十四五"时期，中国各项事业的改革将更加注重制度和治理

---

① 《"十四五"公共服务规划》中使用的"生活服务"概念与《"十四五"规划纲要》中使用的"生活性服务"概念可等同。《"十四五"规划纲要》第三篇"加快发展现代产业体系 巩固壮大实体经济根基"中提到，要推动生活性服务业向高品质和多样化升级，加快发展健康、养老、育幼、文化、旅游、体育、家政、物业等服务业，加强公益性、基础性服务业供给。而公共服务主要体现在"第十四篇 增进民生福祉 提升共建共治共享水平"中。

体系建设，更多解决深层次体制机制问题。在深入推进公共服务改革的过程中，须具备全局性视野，更加重视体系建构及整体协同推进，促进不同层级、部门政策之间的系统性、协同性。首先，从纵向的政策传导机制来看，未来的公共服务体系将提高系统性，强化顶层设计，使不同层级政府的权责配置更为合理，政策衔接更为紧密。其次，从横向的行业部门来看，与公共服务相关的各部门协同性将进一步提升，部门间政策制度联动性和政务数据共享性将增强，以减少政策空白或叠加，提高公共服务的均衡性与精准性。最后，从不同领域改革的关系处理来看，公共服务改革涉及面广，与数字政府建设、城市治理、城乡统筹发展、劳动力流动、居民消费等领域的改革联系紧密，未来城市公共服务改革将更注重提高不同领域改革之间的统筹谋划和协调推进能力，各项改革的整体合力将进一步凸显。

二 主体多元化

随着市场化改革、事业单位去行政化改革的持续推进，政府对资源的直接配置将逐渐减少，一些公共服务的提供者性质也从事业单位转型为企业或社会组织。同时，由于人口流动性增加、市民需求趋于多元化，对城市公共服务的分布均衡性、丰富程度与"性价比"提出更高要求。这就意味着，市场主体和社会组织可能会在公共服务供给中发挥越来越大的作用，政府、市场、社会多元协同的公共服务资源配置方式将日趋完善。

三 服务品质化

当前，中国经济已进入消费驱动时代。2023年，最终消费支出对中国经济增长的贡献率达到82.5%，而城市是消费的主要发生场所。随着城市人口的聚集、居民消费能力的提升，市民对美好生活更加向往，对公共服务质量的要求也逐渐提高。提高城市公共服务供给质量，未来将主要表现在服务场所功能布局更合理、服务设施配备更优质、服务人员更专业、服务内容更充实、服务方式更便捷、服务价格更可承受等方面。

四 城乡均等化

经过数十年的发展，中国基本公共服务均等化已取得巨大成就，但当前城乡、区域之间基本公共服务差距仍是一个较为突出的问题，未来一个时期，推进城乡区域间的基本公共服务均等化依然是一项重要目标。党的十九大报告提出，"要加快推进基本公共服务均等化"，将"城乡区域发展差距和居民生活水平差距显著缩小，基本公共服务均等化基本实现"作为到2035年的目标。[1] 为了加快实现这一愿景，"十四五"时期需要进一步协同优化城乡公共服务，合理配置公共资源。一是需要持续优化公共服务财政保障机制，进一步加大对农村和欠发达地区的财政投入力度。二是在城乡融合的大背景下"加快城乡基本公共服务制度一体化设计、一体化实施，推动城乡公共服务供给内容与服务标准的统一衔接，持续促进城乡基本公共服务均衡发展"[2]。三是城市将逐步弱化或取消各类公共服务、福利以及相关权利与户籍挂钩的做法，统筹推进户籍制度改革和城镇基本公共服务常住人口全覆盖，健全农业转移人口市民化配套政策体系，建立面向城乡居民的统一的公共服务制度。

---

[1] 习近平：《决胜全面建成小康社会 夺取新时代中国特色社会主义伟大胜利——在中国共产党第十九次全国代表大会上的报告》，2017年10月27日，中国政府网，https://www.gov.cn/zhuanti/2017-10/27/content_5234876.htm。

[2] 党秀云：《加快推进公共服务高质量发展》，《光明日报》2022年3月17日第15版。

五 服务规范化

加强公共服务的规范化、制度化建设，从法律制度和公共政策层面保障和完善公共服务体系，有助于优化资源配置、规范服务流程、提升服务质量、明确权责关系。从长期来看，城市公共服务体系的规范化、制度化建设将分类分重点推进。第一，在基本公共服务领域，"十四五"时期，中国将继续健全完善基本公共服务标准体系。这意味着基本公共服务项目的服务对象、服务内容、服务标准、牵头负责单位及支出责任将进一步明确。其中，公共教育、社会保险、公共文化体育、残疾人服务等重点领域的基本公共服务标准化工作将走在前列。第二，在普惠性非基本公共服务领域，政府和市场主体、社会组织都将发挥供给职能，由于供给主体较多，政府和其他主体的关系较难把握。因此，需要探索包容而有效的审慎监管方式，推动制（修）订相关法律法规和标准规范，加强服务质量监督监测，完善服务质量治理和促进体系。第三，在高品质生活服务领域，市场自主发展程度较高，当前部分行业还欠缺较为统一的服务标准。因此，规范化发展将成为"十四五"时期行业发展的主基调之一。未来生活服务国家标准有待进一步完善，"政府标准"与"市场标准"有望相互补充、协同发展；此外，还将健全生活服务认证认可制度，推动生活服务职业化发展。

六 手段智能化

近年来，数字技术广泛融入生产生活，对政务服务、公共服务、民生保障、社会治理的支撑作用进一步凸显。运用大数据、云计算、人工智能等新一代数字技术为公共服务赋能，是实现公共服务提质增效的新路径。近年来，中国出台多个纲领性文件，对运用数字技术优化公共服务提出新要求。2021年3月公布的《中华人民共和国国民经济和社会发展第十四个五年规划和 2035 年远景目标纲要》明确提出，未来要"适应数字技术全面融入社会交往和日常生活新趋势，促进公共服务和社会运行方式创新"①。2022 年 1 月，国务院发布了《"十四五"数字经济发展规划》，将"数字化公共服务更加普惠均等"作为"十四五"时期的一项重要目标，要求数字营商环境更加优化，电子政务服务水平进一步提升，网络化、数字化、智慧化的利企便民服务体系不断完善。② 2022 年 4 月，中央全面深化改革委员会审议并通过了《关于加强数字政府建设的指导意见》，要求把满足人民对美好生活的向往作为数字政府建设的出发点和落脚点，发挥数字化在政府履行公共服务等方面职能的重要支撑作用。

深化数字技术赋能，将进一步提升城市公共服务供给的科学性、精准性与规范性，促进供给效率提升。具体而言，一是可以用数字化的方式呈现公共服务资源状况，将学校、医院、养老院等公共服务机构可面向公众开放的资源进行动态盘点和数据开放，为进一步整合、运用资源提供基础保障。二是可以推进线上线下公共服务融合，通过打造集成的服务供给平台，整合各类服务网点和资源信息，将部分公益性资源数据化，从而提升公共服务的覆盖广度和便利程度。三是可以提高部分公共服务供给数据的可视化与透明度，动态掌握服务开展情况，及时获得群众反馈，切实保障公共服务供给品质。

---

① 《中华人民共和国国民经济和社会发展第十四个五年规划和 2035 年远景目标纲要》，2021 年 3 月 13 日，中国政府网，https：//www.gov.cn/xinwen/2021 - 03/13/content_5592681.htm。

② 《国务院关于印发"十四五"数字经济发展规划的通知》，2022 年 1 月 12 日，中国政府网，http：//www.gov.cn/zhengce/content/2022 - 01/12/content_5667817.htm。

第 三 章

国内外公共服务改革发展经验与启示

针对当前成都公共服务制度体系建设不完善、服务数量品质有待提高、区域供给不均衡、社会参与和智慧化程度不高等问题，课题组选取了天津、北京、上海、深圳、广州、杭州、香港等七大城市及日本、英国、德国、美国等四个发达国家，梳理了它们在公共服务管理机制、供给质量、均衡发展、社会力量介入、智慧建设等方面的关键举措和亮点经验，为成都深化公共服务改革提供学习借鉴。

第一节 公共服务体制机制建设的国内外经验与启示

一 天津：理顺公共服务管理机制

公共服务高效供给需要不同主体通力协作，天津实行的"一颗印章管审批、一个部门管市场"的做法是着力解决行政管理和服务体系中多部门分割老大难问题的有益尝试。2014年，天津滨海新区就在全国率先成立了专门负责集中审批事项的独立机构——"行政审批局"，将全区18个部门的216项审批职责全部划归相对集中的行政审批局，实行"一议"；从2019年12月起，滨海新区启动以"直接取消审批""审批改备案""实行告知承诺""优化审批服务"为核心的"证照分离"改革，截至2021年7月，滨海新区共梳理区级事项172项，直接取消审批类3项，通过审批改备案方式办理1384项，通过告知承诺方式办理10498项（含自贸区1633项），优化审批服务方式办理29658项（含自贸区3660项）。[①]

针对食品安全治理分散在公共管理和服务领域的多个部门，部门职能交叉、监管缺位、多头执法等问题，天津市在2014年率先启动由原天津市工商行政管理局、食品药品监督管理局、质量技术监督局"三合一"层面的大部制新体制改革，整合组建了天津市市场和质量监督管理委员会（整合了市卫生局承担的食品安全相关职责），不再保留市食品药品监督管理局、工商行政管理局、质量技术监督局三个部门。整合后的服务监管新模式实行"一个窗口办理（将原三个部门的行政审批事项整合）、一个窗口投诉（将'12315''12365''12331'三个受理平台整合）、一套班子执法（将原工商、质监、食品药品监督三个执法大队整合）"。这一国内政府机构跨部门整体性治理的改革创举，发挥了较好的示范和引领作用，为后来上海浦东新区和深圳的同类改革以及党的十九大以后出台的国家机构改革，提供了良好的改革思路和现实基础。

天津理顺公共服务管理机制对成都的启示：超大城市要整齐划一全面治理。成都也可学习滨海新区、上海浦东新区大部制改革的经验，通过重组具有相同或类似功能的机构，实现这些机构之间的"有机职能统一"，搭建市—区—街道的综合治理平台，针对某一社会问题或服务实施项目化的大联动，探索在行政层级逻辑之外的功

---

① 人民资讯（人民网人民科技官方账号）：《滨海新区深化"证照分离"改革提升审批效率》，https://baijiahao.baidu.com/s?id=1705339682309660234&wfr=spider&for=pc。

能区跨界治理，如在火车站、综合交通枢纽、广场、商圈、历史文化分布区、高科技园区、大型公共空间等功能区空间单元，实施条块结合、以块为主、多部门联动的综合治理。

二 日本：实行政府整体性改革

针对政府治理中面临的地理单元碎片化、部门碎片化，英国学者佩瑞（Perri）提出"整体性政府"概念[①]，在公共行政学理论研究和政府改革实践中产生巨大影响[②]。继他提出整体性政府思想后，"整体政府"改革迅速成为一种国际性的改革思潮，亚洲地区的日本也进行了"整体政府"改革实践。日本在20世纪90年代中后期确定的战后行政体制，随着日本经济、财政和政治环境体制的变化，显示出严重的弊病，因而推行了这一做法。

按照经济合作与发展组织（OECD）对整体政府两个关键机制的界定，日本整体政府改革也主要是建立了这两个机制："结构协同机制"和"程序协同机制"[③]。前者主要以结构安排来实现跨部门的协同，后者则集中在程序性安排和技术手段上来实现协同。在结构性协同机制建设中，日本推行了"大部制"改革，对机构进行重组，将相似或相同的职能从各个部门中横向"合并同类项"，把部门间的冲突转化为部门内部的冲突；建立具有多层次的协调机制，确保不同层级有各自差异化的协调方式，从而使协调更具针对

[①] Perri 6, Joined-Up Government in the Western World in Comparative Perspective: A Preliminary Literature Review and Exploration, *Journal of Public Administration Research and Theory*, Volume 14, Issue 1, January 2004, Pages 103 – 138, https://doi.org/10.1093/jopart/muh006.

[②] 佩瑞认为政府改革应遵循四个基本原则：一是注重整体性，公共部门需要整合；二是注重预防，从治疗转向预防问题；三是注重结果导向，关注结果而不是活动的监测；四是注重文化变迁，专注于说服和信息，而不是强制和命令。

[③] 蒋敏娟：《整体政府改革：日本的实践经验及启示》，《中共浙江省委党校学报》2011年第6期。

性；加强政府综合协调中心的建设，以提高其在行政架构中的地位，并增强其对于跨部门协同的推动力度。在建设程序性协同机制的过程中，日本创设了一套独特的部门间协调系统和政策评估系统。这些系统的实施，有效地提升了各部门之间的协调性和整合程度。此外，公众的监督也发挥了重要的作用，对各省厅内部加快整合和提升公共管理的协同水平起到了积极的推动作用。值得注意的是，日本在信息获取与服务递送环节上采取了"一站式"服务的策略，这种服务模式极大地便利了市民的生活。日本政府的整体性改革，在部门间良性合作互动的情况下，较大程度地达到了当初改革的目的。例如，为了促进就业机会的更大平等和加强合作，原日本劳动部妇女局和卫生福利部儿童与家庭局合并成立了"就业平等—儿童和家庭局"，有效促进了母亲重返职场，助力了社会的稳定。

日本政府整体性改革对成都的启示：建立一个综合性协调中心，以统一不同职能部门的行政决策，这将有助于消除各部门在权力扩张过程中对职权、利益和项目的争夺，从而弱化部门利益分割和行政权力分散。该中心将有效解决部门间规章冲突，并维护政令的统一。为平衡部门的充分授权并避免过度的大部制，必须确立对大部门的监督和问责机制。此外，有必要明确协同配合部门的职责，并将这些职责的内容、时限和效果等以量化指标进行具体规定。同时，应建立由多部门一起参与的公共事项的考核评估模式，结合部门自我评估和第三方评估，并将评估结果与相应的奖励和惩罚以及财政预算拨款相联系，以便激发配合部门积极参与协调的动力，使其所得收益与贡献相一致。

三 英国：加大公共服务财政投入

为当地居民提供充足、高质量的公共服务，提高居民的生活质量，是任何一个开放、全球性的世界城市政府的核心职责之一。为此，强化对公共服务供给的财政投入，努力扩大或稳定政府对公共服务的实际支出，是英国推动公共服务供给侧改革的重要方法之一。从2021年的英国年度财政预算来看，公共服务、民生事业获得重点支持。在2021年秋季预算报告中，英国政府将在公路上投资210亿英镑，在铁路上投资460亿英镑，以改善城市之间的出行时间；将有60亿英镑用来提升NHS（英国国家医疗服务体系）系统安全性，提高医院检查效率以及让更多"非紧急患者"能够得到及时治疗；三年内将在16—19岁青少年教育上投入16亿英镑，2024—2025年，以27亿英镑的资金帮助各地企业培养各类熟练工种劳动力；住房方面，政府将投入240亿英镑，其中115亿英镑用于建造18万套经济适用房。期望通过投资基础设施、投入公共服务来给予企业信心，支持工作家庭，推动英国经济恢复增长。

以大伦敦政府为例。尽管近年来在社会福利制度改革和促进社会资本投资的政策导向下，大伦敦政府对公共服务的财政投入呈现一定的波动状态，但大伦敦地区的整体公共开支总体呈现稳步增长的态势，其中一些公共领域的投入增长非常明显，如大伦敦政府对福利（包括家庭和孩子、住房、就业、社会包容、社会保护）投入自2000年起呈现快速增加的势头。相较而言，大伦敦对公共服务的开支在整个英格兰地区处于前列。如根据英国政府《2015年公共开支统计分析报告》计算，就2014年大伦敦地区的公共服务开支占到英格兰的20.2%，所有服务方面的人均开支达到10004英镑，比整个英格兰的人均8799英镑高出约14%。

英国加强公共服务财政投入对成都的启示：公共服务支出对经济增长具有正面作用，有利于消费、内需和人力资本的提升。成都地区可以进一步探索公共服务领域市场准入的开放，以及加快公共服务价格改革。提高公共服务支出的效率和保障其质量，为经济增长打下坚实基础。同时，强化并优化财政转移支付的功能，以促进公共服务支出的均等化。这些举措在提高公共服务水平的同时，将积极推动成都地区的经济增长。

第二节 提高公共服务供给质量的国内外经验与启示

一 北京：高标准考量基本公共服务的供给质量

教育领域，北京明确将"就近入学比例"作为"有学可上"的考量指标，要求北京市小学、初中在"十三五"末实现99%以上的就近入学，而成都在考量义务教育水平时常用指标仅有"义务教育巩固率"，更多地处于"有学可上"的层面。

医疗卫生领域，北京全面实施区属中医医院能力提升工程，支持区级妇幼保健、疾病预防与卫生监督设施建设，健全基本医疗服务体系，使居民就近享有较高水平的基本医疗服务；而成都还处于强化市级公立医院建设层面，因为市级公立医院整体医疗服务水平不高，多年未进过全国百强医院榜，北京则有18家进入。

养老服务领域，北京立足构建"一刻钟养老服务圈"，进一步健全"三边四级"[1]就近精准养老服务体系[2]，"十三五"时期社区养老服务驿站从无到有累计建成运营1000余家[3]，中心城区基本实现照料中心全覆盖，力求为失能老年人群体提供成本可负担的就近精准养老服务；而成都则陷于设施用地困境和追求"高大上"养老

---

[1] 即在政府主导下，通过构建市级指导、区级统筹、街乡落实、社区参与的四级居家养老服务网络，实现老年人在其周边、身边和床边就近享受居家养老服务。

[2] 北京市民政局：《〈北京市社区养老服务驿站管理办法（试行）〉的政策解读》，https：//mzj. beijing. gov. cn/art/2020/12/30/art_4494_8844. html。

[3]《"十三五"期间北京社会建设和民政事业形成13个"北京首创"》，北京市朝阳区人民政府网，http：//www. bjchy. gov. cn/dynamic/bjgzdt/8a24fe8376b5aa7d0176b6855712010b. html。

院建设，社区日间照料中心的服务功能发挥不充分，需进一步推进"一刻钟养老服务圈"的建设。

文化服务领域，北京积极支持东城、门头沟等区级公共文体中心设施建设，"十三五"时期全市四级文化设施达到6844个，平均覆盖率达99%；而成都虽然建成成都博物馆新馆、城市音乐厅、露天音乐公园等17个标志性文化场馆，但是区级文化设施建设相对滞后，天府新区、东部新区目前还没有区级文化馆、图书馆。

体育服务领域，北京体育场地、球类场地众多，人均体育场地面积达2.57平方米，每万人拥有社会足球场地数量达到1.07块，行政村农民体育健身工程和城市社区"15分钟健身圈"均实现100%全覆盖；而成都2020年底全市人均体育场地面积只有1.8平方米，而且需求量较大的各类球场仍然比较短缺，有一半的社区公共体育设施仅为全民健身路径（器械），与群众需求有较大差距。

北京高标准考量基本公共服务供给质量对成都的启示：下一步成都可探索在教育领域将"就近入学"尽力落到实处；在医疗卫生领域强化区级层面医疗服务设施和服务能力；在养老服务领域充分发挥社区日间照料中心的养老服务功能，更好地将养老服务送到老年人周边、身边和床边；在文化服务领域应更加重视基层文化设施建设；在体育服务领域应更加贴合群众需求，增加人均体育场地面积，加强设施配置和球类场地建设。

二 上海：建立较为完备的托幼服务体系

在全国率先构建托育服务管理长效机制。2018年，上海在全国率先出台托育服务"1+2"文件（《关于促进和加强本市3岁以下幼儿托育服务工作的指导意见》《上海市3岁以下幼儿托育机构管理暂行办法》及《上海市3岁以下幼儿托育机构设置标准》）。全国首个托育服务行动计划，即《上海市托育服务三年行动计划

(2020—2022)》也已于2020年出台。① 2020年又出台了全国首个托育服务行动计划，即《上海市托育服务三年行动计划（2020—2022年)》。到2020年，上海中心城区普惠性托育点实现"一街镇一普惠"，虹口区53%、黄浦区52%的普惠性托育资源实现全覆盖；郊区按需布点，闵行区平均每个街道有3.3个普惠点，崇明区全部为普惠点。

（一）加强托幼队伍建设

2019年，上海发布《托育机构从业人员和幼儿园教师队伍建设三年行动计划（2018—2020年)》②，提出要加大托育从业人员和幼儿园教师队伍培养力度；对持证上岗的保育员、育婴员、营养师等从业人员进行岗前岗后强化培训。2020年出台的《上海市托育服务三年行动计划（2020—2022)》进一步强调了托育服务队伍建设，明确要求"从业人员全部持证上岗"，"对已就业人员实行综合技能培训，每年不少于72学时"，"托育服务从业人员参加保育员、育婴员等项目培训并经鉴定合格的，可按培训紧缺补贴项目规定标准给予培训费补贴"。

（二）构建面向3岁以下幼儿家庭的早期教育指导服务体系

上海设立了市、区两级早教指导中心，全市近900个早教指导点已覆盖各街镇③，3岁以下常住人口的婴幼儿家庭每年接受6次以上免费的科学育儿指导，比例达到100%。上海一直倡导"寓医于教"的育儿指导模式，教育、卫生、保健等部门形成密切的联动

---

① 《一图读懂〈上海市托育服务三年行动计划（2020—2022年)〉》，上海市人民政府网，https：//www.shanghai.gov.cn/nw42233/20200921/0001-42232_1472307.html。
② 《关于印发〈上海市3岁以下幼儿托育机构从业人员与幼儿园师资队伍建设三年行动计划（2018—2020年)〉》，上海学前教育网，https：//www.age06.com/Age06Web3/Home/ImgFontDetail/f2d28431-3579-40c9-a229-5a07394a67e3。
③ 吴振东、姚依娜：《最有可能的托育模式》，2021年2月22日，网易，https：//www.163.com/dy/article/G3FGU23I0538AF52.html。

机制，加强资源共享，合力提供家庭育儿指导资源，将教育、养育、保健融为一体。更有优质的个性化家庭育儿指导，如"育儿加油站""亲子嘉年华"活动"育之有道"App等公益指导服务。

（三）鼓励多方参与提供托育资源

支持有条件的市民开办托幼机构，鼓励集体办托幼增加托幼机构供给，鼓励社会力量兴办托幼机构。截至2020年9月，上海共有各类托育服务机构816家，累计提供各类托育服务机构约3.4万个。其中，托幼一体幼儿园528所，占64.7%；35家托幼机构、11家各区办早教中心、242家社会力量办托育机构[①]。

上海建立较为完备的托幼服务体系对成都的启示：上海市出台了托育服务工作"1+2"文件（包含指导意见、管理标准和办法）以及三年行动计划，还强调了明确责任主体、托育机构卫生评价内容和标准、"一托一医"工作模式等"5个明确"的要求。成都也应重视托幼服务体系的系统化、规范化、标准化建设，将托育服务工作纳入市级层面的顶层设计，构建层级分明、重点突出的政策体系，将托育服务纳入市、区两级经济社会发展相关规划，将托育服务工作落实情况纳入市对区履行教育职责的督导评估范畴，以及将关键指标纳入年度自评公报范围，对于切实抓好督促落实具有重要意义。不仅如此，上海针对家庭构建的早期教育服务体系、加强托育队伍建设及鼓励社会力量举办托育机构的做法也值得成都学习借鉴。

三 日本：不断提高养老服务精细化、专业化水平

日本康养制度从20世纪50年代开始实施，经过60多年的发

---

① 《以"幼有善育"为目标，打造让人民满意的学前教育和托育服务——上海启动学龄前儿童善育工程》，上海学前教育网，http://www.age06.com/Age06Web3/Home/ImgFontDetail/18734c65-5578-43cf-87f4-51adae9df7ea。

展，逐步形成相对完善、有康养特色的服务体系，在满足收入水平不同、消费能力各异的养老服务需求的同时，也推动了康养产业与医疗、保健、娱乐、文化、学习、旅游、再就业相结合。[1]

（一）先进的养老理念

鼓励和引导身体健康的老年人积极配合体检工作，做好对身体疾病的预防，"主动健康"[2]，在60岁、70岁、80岁、90岁甚至100岁的时候，还可以运动，不需要别人照顾；同时鼓励比较富裕的老年人拿出足够多的保险金，为老年人提供自力互助的生活支持。[3]

（二）完备的养老法律保障体系

日本政府将老龄工作纳入社会经济发展计划，并相继制定了保障日本养老产业持续运转的重要法律制度，如国民年金法、老人福利法、护理保险法等。同时，根据国情和人群细分，通过立法，最终为利用康养设施和服务提供多样化的权利保障，根据不同类型的康养需求提供保障。[4]

（三）普惠化、标准化的政策体系

日本康养政策最突出的特征就是普惠化。普惠化就是政府利用财政资金为低收入群体和弱势群体提供康养服务，即使采用收费服务，也是根据家庭的收入和抚养情况制定不同的付费标准，高收入群体要承担更高的费用，以实现公平性和普惠性。政府通过提供

---

[1] 刘英威、陈胜良、潘慧：《日本康养政策变迁及启示》，《广西财经学院学报》2019年第5期。

[2] 新浪财经：《美国医学科学院国际院士励建安：日本康养经验值得借鉴 积极养老大势所趋》，https://baijiahao.baidu.com/s?id=1699354298185158019&wfr=spider&for=pc。

[3] 杨磊明、黄彩霞、潘斌等：《老龄化背景下日本康养公共服务体系研究》，《当代体育科技》2021年第27期。

[4] 刘英威、陈胜良、潘慧：《日本康养政策变迁及启示》，《广西财经学院学报》2019年第5期。

50%—70%的建设费用补贴，有效满足不同经济状况老年人对康养设施的需求，从而以间接的方式推动了普惠化发展。标准化在康养设施中的体现尤为突出，这些设施均遵循明确的质量标准以及完善的服务质量标准体系。无论服务对象是低收入群体还是其他使用者，设施内部的各种产品的安全规格和标准均得到严格遵守并得到维护，从业人员的服务质量标准也得到同样的重视。所有服务人员必须通过国家资格统一考试方可具备从业资格，这一要求为服务人员提供了专业的标准化基础。

（四）形成医、养、护一以贯之的综合服务体系

"医养护融合"是日本养老服务产业的突出特征。日本养老院与医院之间的紧密合作，使得养老院周边一般都有医疗机构。养老院可以为老人提供一般护理和康复训练服务，如果老人患有严重疾病或需要急救治疗，则送往医院。日本养老院在鉴定老人需要的救护级别时，通常由医生介入判断。老人在医院完成治疗后送到康复机构做持续恢复训练。因而在日本，医养几乎不分家，70%的介护老人保健机构的经营主体是医疗法人。[1]

（五）构成完善的养老健康生态链

经过数十年的经验积累，日本养老产业形成了以养老服务为核心，以旅游娱乐、健康保健、养老金融、老年用品等各个产业为支撑的养老健康生态系统。构建了以老年群体为定位的多项业务，形成了养老健康各个领域的良性循环。

日本不断提高养老服务精细化、专业化水平对成都的启示：树立正确的康养产业理念。康养产业具有"事业性"和"产业性"双重特征，应从关爱老人、精准专业服务老年的角度出发，在规范

---

[1] 《日本老人的精致晚年｜浅析日本养老模式》，搜狐网，http://news.sohu.com/a/522708251_762454。

社会力量介入康养产业的同时,挖掘康养产业的新动能、培育新经济产业。加强康养服务的标准化建设。在康养设施建设缺乏全国统一标准的情况下,成都可探索制定地方标准,同时要持续推进成都已经在做的"适老化"改造。此外,针对全国养老人才缺口高达300万,普遍缺少像日本养老机构里的优秀院长,缺少充满职业精神的护理员、营养师、康复师的情况,成都有必要自己培育足够的专业人才为老年人提供优质服务,满足老年人生活多样性需求。

第三节 城乡和区域公共服务供给均衡的国内外经验与启示

一 北京:疏解非首都功能及优化资源布局

新一版《北京城市总体规划(2016—2035)》,明确了北京是全国的"政治中心、文化中心、国际交往中心、科技创新中心",全面建设国际一流的和谐宜居之都。[①] 在这一新型城市战略定位的指引下,北京将自身放在京津冀城市群协同发展和跨行政区治理体系之中,全面开启了"疏解整治促提升"工作,全面实施北京非首都功能疏解和空间资源的区域化配置。同时,北京通过规划建设通州区城市副中心、雄安新区的方式,调整重塑市域、区域范围内的空间结构,并按照京津冀协同发展战略要求和命运共同体的理念,创建多元化的京津冀跨界合作治理新体系,推动交通大联通,组建跨界医联体,开展基础教育跨地域合作办学,提升京津冀之间的公共服务均等化、一体化水平。

"十三五"时期,北京落实非首都功能疏解要求,加大公共服

[①] 《北京城市总体规划(2016年—2035年)》,北京市规划和自然资源委员会官网,https://ghzrzyw.beijing.gov.cn/zhengwuxinxi/zxzt/bjcsztgh20162035/index.html。

务资源布局优化调整力度，中心城区优质教育、医疗资源向薄弱地区和新城疏解。北京信息科技大学昌平新校区建设步伐加快，北京电影学院怀柔新校区一期工程已基本竣工，城市学院顺义校区入驻学生约1.6万人，天坛医院新院区建成并投用，同仁医院亦庄院区的扩展工程已经完成并投入使用，而朝阳医院东院和友谊医院顺义院区等项目正在加速建设。优化完善重点区域公共服务设施，在城市副中心、"三城一区"等区域启动建设17所优质基础教育学校，布局一批国际学校，促进城乡、区域、校际差距进一步缩小。"回天三年行动计划"圆满收官，回天地区社会发展水平明显提升，普惠性幼儿园覆盖率、院前医疗急救呼叫满足率等指标均超过全市平均水平。[①]

北京疏解非首都功能及优化资源布局对成都的启示：成都在优化城市空间布局中也要高度重视优质公共服务资源的集中疏解，以缩小城乡、区域间的公共服务落差。从"三个做优做强"的角度出发，优化完善中心城区公共服务设施，前瞻性布局城市新区高品质公共服务设施，特别是医疗、教育、文体设施，加快补齐郊区新城公共服务短板，推动公共服务设施城乡区域一体规划一体推进。此外，还要按照国家《2022年新型城镇化和城乡融合发展重点任务》的要求，疏解超大城市的非核心功能，继续深入"东进"，建好东部新区、简阳城区、淮州新城，充分发挥未来承接成都增量人口关键区的作用。

二 深圳：推动公共服务各领域优质均衡发展

在推动教育服务优质均衡发展方面，深圳建立"名园（长）＋"

[①] 发展北京：《回天三年行动计划1.0成效显著，2.0正在路上》，https://baijiahao.baidu.com/s?id=1689317382763389570&wfr=spider&for=pc。

学前教育集团发展模式，推进义务教育学校集团化办学全覆盖[①]；积极探索校长教师轮岗交流和大学区制改革，打造特色化、多样化、优质化集团学校课程群，迅速扩大优质教育资源，推动义务教育优质均衡发展；引入广东实验中学等国内名校来深合作办学，实现新建高中"建一所优一所"的目标[②]；正式启用深圳市云端学校，成为国内第一所"总部校区＋N所入驻学校"的平台型学校。

在推动医疗卫生优质均衡发展方面，深圳创新构建"两融合、一协同"的整合型医疗卫生服务体系，以市属医院为主体组建市级医疗中心，以区属医疗卫生机构为主体组建基层医疗集团[③]，建立以"区域医疗中心＋基层医疗集团"为主体的整合型医疗卫生服务体系[④]；通过实施一种以"院办院管"的社康管理体制为核心的策略，深圳构建了一个医院与社康机构相融合的运营管理体制，该体制以其独特的医疗与预防相融合的学科发展模式以及全科与专科协同发展的分级诊疗方式，使其基层医疗集团在履行政府"保基本、促健康"的职能时形成了高效的服务共同体、责任共同体、利益共同体以及管理共同体。

在推进文化服务优质均衡发展方面，深圳采取了一系列配套政策，其中包括制定基本公共文化服务实施标准。这些政策基本构建了"一个平台、二层架构、三级垂直、四方联动"的超大城市图书

---

① 《深圳市创新优质均衡的公共服务供给体制：广东省新型城镇化典型做法之二》，广东省发展和改革委员会网，http://drc.gd.gov.cn/gkmlpt/content/3/3846/mpost_3846992.html#870。

② 《深圳市教育局 2020 年工作思路》，深圳教育网，http://szeb.sz.gov.cn/home/xxgk/zdlyxxgkzl/fzgh/content/post_7137347.html。

③ 《深圳市加快构建国际一流的整合型优质医疗服务体系》，中国发展网，https://baijiahao.baidu.com/s?id=1733589964385608845&wfr=spider&for=pc。

④ 《国家发展改革委关于推广借鉴深圳经济特区创新举措和经验做法的通知（发改地区〔2021〕1072号）》，国家发展和改革委员会官网，https://www.ndrc.gov.cn/xxgk/zcfb/tz/202107/t20210729_1292065.html。

馆总分馆体系。[①] 该体系以深圳图书馆为主体，全市各级图书馆（室）联合构建了一个名为"图书馆之城"的统一服务平台。此外，市级和区级图书馆也构建了总分馆体系。在区域、街道、社区三级图书馆中，深圳实行了垂直管理，并积极引入社会力量共同参与图书馆服务建设。这些举措不仅有助于提升图书馆服务的质量和效率，更促进了文化服务的均衡发展。

深圳推动公共服务各领域优质均衡发展对成都的启示：成都可借鉴深圳经验，从法规政策、规划布局、基础设施、城市管理、环境保护和基本公共服务[②]等方面全面持续推进民生事业的城乡、区域间的"一体化"，投入力度应偏向于城市新区、东部新区等，弥补上述区域医疗卫生、教育、文化设施的短板，尤其应大力加强市级公立医院建设，努力提升基层医疗服务水平，加强优质中小学建设等，提高优质资源的区域配置均衡水平。

三 德国：柏林与勃兰登堡州地区的协调发展

德国的首都柏林，拥有七八百年的悠久历史，其面积约为892平方千米，同时也是德国最大的城市之一，拥有346万的人口。但由于土地资源匮缺，城市容量小，柏林发展空间受限。勃兰登堡州紧紧环绕着柏林，拥有241万人口和2.97万平方千米的广袤土地。历史上，勃兰登堡州作为柏林的腹地，长期为柏林的发展提供食品、劳动力和其他原材料等。二战后，东、西柏林与勃兰登堡州在社会和经济上长期隔离。随着德国统一、政治封锁被打破，柏林和

[①] 《国家发展改革委发布〈通知〉鼓励各地结合实际学习借鉴深圳先行示范区建设创新举措和经验做法》，深圳市宝安区人民政府网，http://www.baoan.gov.cn/gkmlpt/content/9/9068/mpost_9068807.html? eqid = bf5601e6000054f9000000066498ff93#1357。

[②] 南方杂志：《深圳市委书记王伟中：努力创建社会主义现代化强国的城市范例》，https://baijiahao.baidu.com/s? id = 1616266960018048588&wfr = spider&for = pc。

勃兰登堡州之间的社会、经济交流和人口流动日益频繁。

为加强区域合作,实现利益共享,柏林和勃兰登堡州成立了共同的区域规划委员会,采取共同的区域发展策略和空间模式。主要有如下三点。

一是成立"联合区域规划部",协调两州的发展利益。"联合区域规划部"成立于1996年,其主要任务是制定两州联合的、强制性的法定规划,即"柏林—勃兰登堡州发展规划"和"柏林—勃兰登堡州发展程序"。柏林—勃兰登堡州联合发展规划属于跨州边界的区域规划,这在德国国内是独一无二的。该机构还前瞻性地设置了"分歧台阶"的协调机制,当涉及两州利益的规划产生观点冲突时,共五个不同层级的"分歧台阶"从制度上保证了矛盾的最终解决。

二是完善非正式合作途径,鼓励社会各阶层参与交流。例如,在柏林和勃兰登堡州各自举办的"城市/州论坛"、在两州东西南北四个方位交界处的次区域地方政府设立的"邻里论坛"和勃兰登堡州远郊地区的地方"自助发展计划"——这些基于各州、区域或地方层次的非正式区域对话平台吸引了政府、市场、学界和公民等社会各界参与者,为区域合作的关键议题提供深入的洞见,同时寻求公共和私营部门的共识,以推动区域整体的进步和发展。

三是采取多中心的协同发展方式,规避人口高密度发展。德国人口分布呈现一种分散又集中的特征,这一特点在人口规模和人口密度方面表现得尤为显著。以"柏林—勃兰登堡"都市区为例,除了柏林,还扶持了法兰克福(德国银行及航空中心)、科特布斯、波茨坦、勃兰登堡4个地区中心以及2个含部分地区中心职能的次中心。"联合区域规划部"还在距离柏林60公里范围内的地区选择26个具有发展潜力的聚落作为发展重点,建设特别的居住区和经济开发区,以疏散首都相关产业,减轻中心城市发展压力;在距市中心60—100公里范围内设立了6个二级中心，同时还在勃兰登堡州其他县市设立30个三级中心。多中心的分布格局便于人口疏解，避免局部地区过度汇集导致"大城市病"[①]。

德国柏林与勃兰登堡州地区的协调发展对成都的启示：成都在处理经济圈内部协调发展时也可以完善协同发展规划机制，尊重各方不同利益诉求，并重视社会各个阶层的意见，完善公共政策的制定机制，尤其是涉及民众切身利益的产业升级转移和交通一体化等重大政策时，可以通过多种形式，让更多的公众知晓并参与讨论，使政策内容更加完善合理。此外，要加快公共服务均等化改革，深入推进医疗、教育、养老等重点民生领域的区域间合作，落实各类服务的合作框架协议等，借助智慧化手段，助推优质资源在经济圈的均衡配置。

第四节　引导社会参与公共服务供给的国内外经验与启示

一　广州：购买专业社工服务＋鼓励社会资本介入服务供给

广州从2007年起正式推行政府购买服务，经过多年实践，建立健全了包括财政支持、流程规范、项目招投标、项目评估、项目监督等在内的项目化、市场化的政府购买社会工作服务制度。从2011年开始，广州在每个街道设立政府出资建设的"街道家庭综合服务中心"，实行严格的招投标制度，委托专业化的社工机构进行运营管理。每个家庭综合服务中心[②]，发挥"全科社工"的作

[①] 国务院发展研究中心课题组：《柏林—勃兰登堡都市区治理的经验与启示》，中国经济时报，https://jjsb.cet.com.cn/show_477473.html。

[②] 《家庭综合服务中心在广州全面铺开》，广东省人民政府官网，http://www.gd.gov.cn/zzzq/bmxx/content/post_3539115.html。

用，重点向家庭、青少年、长者等提供服务，并根据社区实际情况，构建包括社工、心理咨询师、康复师、护士等在内的跨专业服务团队，围绕居民多元化服务需求，为居民提供专业化的社工服务。广州向专业社工购买公共服务的基本做法如下。

一是建立社工承接公共服务实施的工作机制。在市民政部门的指导下，与相关职能部门、群团组织之间高度配合，"资源共享、平台共用、优势互补、工作互动"，在不同系统、不同服务领域共同推进社会工作，引入社会组织或社工机构承接社会服务，全面推动社会服务的社会化进程。

二是全面购买社工服务。全市政府相关职能部门，围绕各自的服务种类，在流浪救助、禁毒、精神康复、慈善、公益创投等领域，积极引进社工力量，提高服务的专业化水平。截至2021年，广州市持证社会工作者已超2.7万人，依法登记的社会工作服务机构达330多家，政府购买服务项目总计近400个，覆盖了社区、禁毒、司法、妇儿、医务、青少年、残障等近20个服务领域，财政投入纳入常态化预算，年均服务市民超400万人次，年均整合链接爱心善款和物资折合价值超1亿元，每年服务受益各类困境人群超8万。

此外，广州创新举措，鼓励社会资本在民生保障与服务领域有进一步的作为。2022年3月17日，广州市印发《关于支持社会力量参与重点领域建设的指导意见》，提出率先放开市场、放开准入、放开价格、放开资源等举措[1]，进一步鼓励社会力量参与医疗健康高质量发展，发展多层次、多样化养老服务，参与教育事业建设，参与文化基础设施建设和运营，参与体育领域建设，提供就业服务

---

[1] 金台资讯：《广州：支持社会力量参与四大重点领域建设》，https：//baijiahao.baidu.com/s? id = 1727596973920626220&wfr = spider&for = pc。

等。如在养老服务领域，明确取消养老机构设立许可，申请设立养老服务类社会组织和养老服务企业，符合条件的直接依法申请登记。[①] 同时，将政府举办的社区养老服务设施原则上委托专业机构运营，并积极探索项目合作、公建民营等模式，提高公办养老机构资源配置效率。

广州购买专业社工服务+鼓励社会资本介入服务供给对成都的启示：一方面，成都在公共服务设施用地落实困难的客观条件下，应加强专业社工服务的购买力度，如针对传统中心城区用地紧张、修建大型养老设施困难，可加强居家养老服务供给，为老年人提供急需的软性服务。另一方面，成都应坚持市场导向，全面推动社会力量参与公共服务供给，如在养老领域，借鉴广州做法，给予各类型的养老机构同等的优惠政策，给予来自不同渠道养老服务的投资同等的待遇，鼓励并支持国内外企业和机构入驻成都并投身于养老服务行业；规范养老机构登记建档工作，对符合条件的直接依法申请登记的养老服务类社会组织，提出设立申请；搭建平台促进养老服务的发展，同时组织供求双方进行对接交流活动，助力养老服务市场的健康发展。

二 香港：基于服务特性差异的多元供给模式

香港公共服务多元供给模式的形成。香港1989年向社会发布《公营部门改革》报告，标志着公共服务改革序幕的正式拉开。该报告明确指出公共服务中以市场为导向和以顾客为中心的重要性，以及通过公司化、私有化及公共服务外包等手段改进公共服务的实

[①] 《创新政府配置资源方式改革案例之十 转变政府职能 创新资源配置着力推动养老服务业高质量发展》，中华人民共和国国家发展和改革委员会，https://www.ndrc.gov.cn/fggz/tzgg/dfggjx/201901/t20190111_1022253_ext.html。

际效果。1992年，香港成立效率促进组（Efficiency Unit），目的是推动公共服务改革，提高公共服务效率，控制和节省财政开支。效率促进组推出了一系列改善公共服务的措施，包括建立绩效管理体系、鼓励私营机构通过外判和公私合作的方式参与提供公共服务、推行顾客管理评估机制等。2001年，社会福利管理局开始采用竞争性招标程序来选择服务的提供商，目的是确保服务质量达到可接受的标准。在改革过程中，香港将大部分公共服务项目交由非营利组织、私营机构等承办，香港多元化的公共服务供给模式逐渐形成，同时市场竞争机制进入这一领域，这令社会企业能以其独特的商业模式，参与服务项目的竞标，从而参与公共服务的提供。香港的公共服务改革，为社会企业的发展提供了制度空间。

不同服务与不同主体匹配的多元供给模式。1989—1992年，香港发布了《公营部门改革》报告，成立了效率促进组，公共服务多主体参与供给的改革不断推进。供给主体从公营组织到民营组织，均涵盖在内。那些核心的公共服务，如基础设施等投入回报需要长期的、没有主体愿意介入但又是人群必不可少的服务，就得由政府主导提供。而在那些准商业化供给模式更有效的服务领域，才可以实行具有竞争性特点的供给模式，如邮政署、九广铁路公司等。在某些领域，采取准商业化管理方式可以提高效率，这些领域包括引入营运基金部门如邮政署等进行竞争性提供。这些营运基金部门可以提供更高效的服务，从而改善公共公司如九广铁路公司的运营效率。第三部门主要提供安老、儿童及青少年服务等。供给模式主要包括：（1）公有公营：在市场无法提供的核心服务领域，由政府直接提供或政府委托其他公共部门提供；（2）公有私营：在可以实行私有化的领域内，通过特许经营等方式进行公有和私营的结合；（3）私有私营：在可以实行私有化的领域内，在存在多个竞争者的前提下，通过完全向私营组织开放等方式进行私有化；（4）社会提供和自我协助；民间机构或个人提供可以在需求更具有个体特征的领域发挥作用。

香港"社会福利署"购买社会服务的主要做法如下。

首先，建立"整笔拨款制度"。该制度的运用使"社会福利署"从此前的注重控制资源投入转为注重服务成效，不再就非政府组织的人员配置、工资水平或某一项目做出资源投入的控制，而是以"整笔拨款"方式向非政府组织提供经常性拨款，保障非政府组织的日常运营，给予非政府组织更多的自主权，使他们能更灵活地调配资金，以满足持续出现的优先服务项目和不断转变的社会需求。

其次，建立与"整笔拨款制度"相配合的"服务表现监察制度"。"服务表现监察制度"主要包括三个部分。一是津贴与服务协议[①]。政府和非政府组织在服务提供中的各自角色、要求和责任在协议中有所规定，同时明确了各种服务的目标、范围、优先次序、质量以及数量等要求。二是服务质量标准。明确了16项适用于所有服务的标准，在每项标准下均设有多项准则，具体罗列服务机构在提供服务时应采取的机制。三是服务表现评估。运用一套系统的评估程序，客观地评估服务表现和建议改善服务的方向。[②]

最后，还建立了"凭单制"，赋予服务对象"用脚投票"选择服务供应者的权利，间接促进公共服务供给者提高服务质量。明确"竞争性招标"仅用于一些易于产生规模经济和协同作用的服务领域，不适宜大规模使用。

[①] 李金玉、金博：《香港慈善组织法治监管机制及其启示》，《湖北社会科学》2011年第11期。

[②] 刘晓洲：《政府购买服务的中国香港经验与启示》，《社会福利》（理论版）2020年第2期。

香港基于服务特性差异的多元供给模式对成都的启示：政府要大力培育有信誉、有能力的品牌社会组织，能承接政府购买的服务项目，能向居民提供专业化、质量高的公共服务；要厘清政府和社会组织的关系，政府购买服务更多的应该是履行监管职责，同时要给予机构在资金和服务安排上的自主性，社会组织是合作方，不应将其视为行政部门的下属事业单位进行管理；要建立合适的评估制度，借鉴香港简明有效的"服务质量标准"对机构服务进行评估的做法，香港标准只有3个原则16个标准，而内地包括成都在内，各种社会工作项目评估较为频繁、评估指标较多，社会工作者需要在准备评估方面耗费较多时间，势必影响在实施服务供给中投入的精力。此外，应慎用招标制度，因为过于强调竞争的项目招标制容易影响业界的团结，破坏行业规范，出现一味低价竞标现象，罔顾服务质量对服务成本的必然要求。

三 英国：公共服务混合多元供给

2010年，以卡梅伦为代表的保守党上台，提出"大社会"倡议，倡导"权力还给人民"，期望通过培育公共参与文化，转变公众的思维方式，从单纯依靠政府解决问题转变为通过社区参与和互助寻求解决方案。在这种背景下，英国政府积极转变治理方式，将越来越多的公共服务职能下放到民间，交由相应的社会组织承担，下放领域也从以往的贫困、环保、弱势群体扶持等传统的慈善领域扩展到社会治安、医疗卫生等领域。[1]

在《开放公共服务白皮书》中，卡梅伦政府对政府的公共服务供给和管理方式进行总体布局，区分出三种公共服务类型：个人的

---

[1] 周宝砚、吕外：《英国政府购买公共服务特点及启示》，《中国政府采购》2014年第11期。

自我服务、社区的自主服务和委托的协议服务①，并约定了差异化的供给责任及供给义务，建立起层次多样、具有竞争及开放特征的服务供给模式，这种模式不同于自上而下的政府主导方式或自下而上的市场主导方式，它是多种供给方式的汇总，是混合且多元的供给类型。

混合多元供给的主要做法有两点。一是去中心和增加选择机会。在进行公共服务供给时，政府消除中心地位，只是服务的规划设计者，行政权力更多地向基层和社区延伸，下沉到社会底层，让公民拥有更多的选择权，特别是鼓励公民参与到社会管理和服务中去。在提供公共服务时，政府取消了中心地位，转而承担策划和设计的角色。权力更多地下沉到一线社区，让社区居民有更多选择，尤其鼓励他们参与与自身利益相关的服务和管理环节。二是保障公平性和服务质量。在社会化服务过程中，公民不平等地获得公共服务是市场机制缺陷的结果。有必要向低收入群体、弱势群体提供额外支持，以确保社会公平。这可以通过实施基于激励的政策来实现，这些政策促进公共服务提供的公平性并纠正不平衡现象。在开放委托的公共服务中，对于保障双方权益的资格认证与权益追溯机制的设计、项目与服务绩效评估的社会与公民、服务决策的社区与基层公民的分权式管理、强化服务问责、保障多元供给的开放性与透明性等都相当重要。②

混合多元供给机制主要有三种。一是公私合作。基于"公""私"合作，不同性质的部门发挥各自的优长，参与公共服务的供给。英国政府保留了国有工业中私营企业的管理风格，并利用其管

---

① 王余生、陈越：《当代英国公共服务供给模式及其对我国的启示》，《四川行政学院学报》2016年第4期。

② 王余生、陈越：《当代英国公共服务供给模式及其对我国的启示》，《四川行政学院学报》2016年第4期。

理技术和方法来提高国有工业的管理水平。二是社会合作。在教育、环保等多个领域，通过资金支持和优惠政策，壮大第三方组织。三是公民合作，公民不再是被动接受公共服务的对象，而是集消费服务、提供服务、反馈服务等多个角色于一身，在公共服务质效提高中具有重要作用。

建立公共服务混合供给的配套制度体系。英国开放公共服务改革框架中，除了宏观目标与具体措施，还着力建立健全一套保障改革框架得以实现的配套制度。众所周知，在开放化、市场化的公共服务领域，利益相关者的参与和监督在很大程度上影响着服务的效率与质量，改革框架中设计的配套制度有力地保障了利益相关者参与公共管理的权力。改革通过建立和推行信息公开制度、多元协商制度、民主问责制度等[1]，为个人、社区和地方政府争取了更多的话语权，有助于相关各方获取更全面的信息。此外，这些改革还为公共服务的提供者和接受者构建了常态化和制度化的对话渠道，确保各方利益主体能有效表达对公共服务的诉求。

英国公共服务混合多元供给对成都的启示：要增加财政投入，明确政府在公共服务供给中承担的职责，避免公共服务领域过度市场化[2]，政府需要增加对教育、医疗、文化、卫生、体育等领域的公共财政投入，确保公共服务的基础性和公益性。要优化公共服务的支出结构，从最广大人民群众的现实需求出发，增强服务的针对性和有效性，切实解决好群众面临的"急难愁"问题，防治公共服务的错位和两极化现象。要完善成都公共服务供给机制，推动其更加开放和多元化，在充分体现公共利益的前提下，对政府、市场和

---

[1] 王彩梅、王坤、范馨元：《行政体制改革与服务型政府建设》，《陕西行政学院学报》2017年第1期。

[2] 陶希东：《英国大伦敦地区公共服务供给侧改革的经验与启示》，《国家行政学院学报》2018年第6期。

社会之间的职责边界进一步合理地划分。唯此方能吸引更多的社会资本和社会组织加入公共服务的生产，促进成都公共服务供给的多样性和有效性。要落实《成都市社会企业培育发展管理办法》（成办发〔2021〕90号）对社会企业的金融、税收等各项政策支持，培育有影响力的社会企业，充分发挥社会企业承接公共服务应有的作用，为成都公共服务供给多元化发展增添动力。此外，要进一步健全公共服务供给的制度体系，加强公共服务绩效管理，强化信息公开，加强社会问责。①

第五节 公共服务智慧化供给的国内外经验与启示

一 杭州："数智杭州"总门户统领下的一体化智能化杭州

2003年，时任浙江省委书记的习近平同志作出建设"数字浙江"的决策部署。② 2018年，在全省实施数字经济"一号工程"的背景下，杭州提出打造"数字经济第一城"③。2021年，浙江省委召开全省数字化改革大会，发布了《浙江省推进数字化改革总体方案》，此后，杭州出台《关于"数智杭州"建设的总体方案》，明确五大重点任务④，具体包括推进"数智杭州"总门户及一体化智能化公共数据平台建设、做强做优城市大脑、加快建设产业大脑、构建数字化改革理论体系、构建数字化改革制度体系。

---

① 王楠、杨银付：《英国"开放公共服务"改革框架及启示——以卡梅伦政府〈开放公共服务白皮书〉为主要分析对象》，《中国行政管理》2016年第3期。
② 《发展我国数字经济的科学指引》，《小康》2022年第4期。
③ 《杭州数字经济系统建设阔步向前 重塑产业竞争力》，杭州政协网，https://www.hzzx.gov.cn/cshz/content/2022-01/15/content_8147647.htm。
④ 《突出"七个两"打造"数智杭州"数字化改革，杭州有了清晰路线图》，浙江省人民政府官网，https://www.zj.gov.cn/art/2021/4/1/art_1554469_59094177.html。

(一) 做实做强"数智杭州"总门户

"数智杭州"总门户，这一称呼源自杭州地区对数字化改革的深入实施，以及各地各部门积极推进数字化改革的协同行动。该门户不仅作为杭州数字化改革的工作平台，而且也是推动改革进程中不可或缺的协同机制。通过这种方式，杭州地区的数字化改革得以迅速、有效地向前推进，表现出强烈的时代特征和地方特色。"数智杭州"总门户依托"浙政钉"省、市、县、乡村组织体系，突出杭州特色，聚焦好用管用，集成5个系统门户和X个应用场景，全面展示数字化改革的核心业务。它将强化"浙政办"和"浙里办"这两个移动前端的建设，打造更多机关干部必用座舱、更多群众喜闻乐见的社会端应用场景。目前，"数智杭州"总门户综合运用责任单、任务树、数据仓、路线图、时间表、三色图、赛马榜等管理手段，初步实现重点任务推进和核心场景建设情况实时在线。通过综合运用一系列尖端管理工具，包括数据仓库、路线图以及赛马排名等，目前"数智杭州"中心门户网站已经初步实现对关键任务进度以及核心场景建设状态的实时在线监测。

(二) 海量公共数据联动

借助数据在不同部门的共享和流程的重新架构及业务的协同处理，杭州市政府已成功提升各机关部门的协同工作效率。目前，杭州"数智人大"场景整合了14个应用子场景；"数智政协"场景在线上开展"千名委员读百年党史"活动；"数智组工2.0"场景全面对接省主跑道，6个子场景入围省委组织部第一批试点项目；"数智杭宣"场景以"1+2+N"架构联动全市近30个部门和60余家文化服务机构，集成全市3000余项文化场馆（单位）数据、500余项文化活动信息、800余项数字化文化资源，入选首批全省宣文系统11个重点应用场景之一；"数智统战"场景基于"浙统云"构建贯通各层级、覆盖各领域、联通系统各单位的平台架构，推动统战系统整体智治、高效协同。"数智群团"场景以"1+5+1+N"总体框架，构建群团协同、上下一体的工作新平台。

（三）切实推动基层工作减负

如杭州拱墅区的"一表通"应用场景，于2021年3月开始试运行。仅3个月时间，就已完成帮扶、养老、残联、人社、退役军人、司法、卫健7个条线基层业务报表梳理，报表从113张减少至26张，减少77%[1]，每周为社工缩短制表时间约8小时，让基层干部能够有更多时间、更多精力做好社区群众服务。

"数智杭州"对成都的启示：要实现党政机关整体智治，就要勇于打破体制机制障碍，突破部门区域壁垒，克服各部门"单打独斗"的工作模式，建立跨层级、跨部门、跨领域的协同应用大场景。杭州数字化改革建一个总门户、联动海量公共数据、打造更多干部非用不可的数字驾驶舱和更多群众爱不释手的应用场景的做法值得成都借鉴。成都可建立类似杭州的数智成都，也分政府端和社会端。其中，政府端可重点推进各级政府目标任务和重点工作的清单化、可视化、可量化，打破层级间、部门间、领域间的壁垒，为提升政府整体管理效能奠定坚实基础；社会端则要完善功能应用开发，打造更多群众爱不释手的应用场景，让群众和企业得到更多便捷实惠。

二 深圳：智慧城市建设的标兵

深圳市智慧城市的建设从"十二五"初期就开始推进，形成了《智慧城市建设总体方案》和《2018年实施方案》，明确了到2020

---

[1] 《刀刃向内的"新机制"：走向"整体智治"现代政府》，杭州日报，https://hzdaily.hangzhou.com.cn/hzrb/2022/01/15/article_detail_1_20220115T035.html。

年实现"六个一"的目标。[①] 2021年又出台《深圳市人民政府关于加快智慧城市和数字政府建设的若干意见》（深府〔2020〕89号）[②]，落地国内数据领域首部基础性、综合性立法——《深圳经济特区数据条例》[③]，发布《深圳市推行首席数据官制度试点实施方案》，进一步增强深圳政府的智慧化治理能力，提升深圳公共服务智慧化供给水平。深圳智慧城市建设的做法和经验主要包括以下四个方面。

一是建立高效的工作推进体系。深圳市委、市政府主要领导高度重视智慧城市建设工作，要求各区、各部门"一把手"把智慧城市建设作为重中之重亲自来抓，还要求市经济贸易和信息化委员会（简称经信委）主要负责同志拿出60%的时间来推进智慧城市建设。在组织管理上，将原市"数字政府"改革建设工作领导小组调整为市智慧城市和数字政府建设领导小组，由市长任组长。领导小组办公室设在市政务服务数据管理局。各区各部门建立"一把手"牵头的工作专班，明确责任处室，强化部门信息化系统的一体化建设。深圳市委、市政府对智慧城市建设工作给予高度重视，要求全市各层级、各部门的主要领导亲自负责此项工作并将其置于首要位置。此外，市经信委的主要负责同志需要将其工作时间的60%投入到推进智慧城市建设。在组织管理层面，原有的市"数字政府"改革建设工作领导小组已调整为市智慧城市和数字政府建设领导小组，由市长担任组长。领导小组的办公室设立于市数据管理局。各

---

① 国脉智慧城市研究中心"智慧城市的转型与转战"专题系列文章①《实践｜基于评估的深圳智慧城市建设现状剖析》，搜狐网，https://www.sohu.com/a/383065719_472878。

② 《深圳市人民政府关于加快智慧城市和数字政府建设的若干意见》，深圳市人民政府官网，http://www.sz.gov.cn/zfgb/2021/gb1183/content/post_8474433.html。

③ 杨溢子：《打造数据保护生态圈，防范网络安全风险的深圳探索｜市域善治 深圳示范③》，搜狐网，https://www.sohu.com/a/674486869_100116740。

层级、各部门也都建立起工作专班①，明确了责任处室，并强化了部门信息化系统的一体化建设，以便更高效地推进智慧城市建设工作。

二是规划新型智慧城市的四梁八柱。深圳市采用"联合使用总体＋联合技术总体"的模式规划新型智慧城市。②市经信委和各行业部门都参与了"联合使用总体"配置。市经信委负责监督智慧城市建设的总体规划、协调实施和项目管理等工作。各行业部门在其领导政府部门的指导下，负责在智慧城市框架内制订各自领域的计划、设计和标准。"联合技术总体"配置包括市技术统筹单位和行业技术统筹单位。市技术统筹单位（本例中为中国电子科技集团）负责监督新型智慧城市建设的总体设计和系统集成，指导各行业和地区在建设过程中坚持统一的架构和标准，以确保竣工后的互联互通、数据共享以及业务合作。行业技术统筹单位（如平安、华为、中兴、腾讯等）依托市政总体设计和公共平台，负责规划和设计其具体的行业智慧城市实施战略、项目执行和其他赋能活动。

三是推行"统分结合"的一体化新型智慧城市建设模式。深圳按照要求统筹、架构统一、标准统一、平台统一、建设统筹的"五统"原则推进信息系统集成。要求在市级主管部门的主导下，对全市的电子政务网络和大数据中心及城市运行管理、电子政务云进行统一规划与布局。各个政府部门及机构只能在市级平台进行应用开发与部署，对于已经建成的系统，应逐渐转移至市总平台。在行业

---

① 《深圳市人民政府关于加快智慧城市和数字政府建设的若干意见》（深府〔2020〕89号），深圳市发展和改革委员会官网，http://fgw.sz.gov.cn/ztzl/qtztzl/szyshj/zcwj/content/post_9016245.html。
② 《深圳市人民政府关于印发新型智慧城市建设总体方案的通知》（深府〔2018〕47号），深圳市人民政府官网，http://www.sz.gov.cn/gkmlpt/content/7/7786/mpost_7786844.html#20044。

技术总体单位的协助下，各部门已编制了为期三年的建设方案。市经信委在此过程中发挥着全市技术总体单位的关键支持作用，对各部门提交的总体方案进行评估。经过汇总与审核，将意见提交给领导小组进行最终的审定。

四是大力推动公共服务各领域的智慧化建设。在追求城市智慧化发展的过程中，深圳实施了一系列面向公众的福利项目，包括智慧交通、教育、医疗、海洋和社区等。这些举措相继实施，极大地提高了深圳市民的城市生活便利度。目前，深圳100%的行政审批事项实现网上办理，94%的行政许可事项实现"零跑动"[1]。"i深圳"App已接入3个中直单位、43个市级单位、11个区级单位的8000余项服务，累计下载2250万次，累计注册用户1600万，日均活跃用户120万，为市民提供指尖服务超29亿次。[2] 此外，深圳以"秒批"改革为代表的智慧人社建设、智力扶贫、和谐劳动关系建设等多项工作持续走在全国前列。2021年，深圳在智慧人社领域展开深耕"秒批"改革，逐步推进全领域信用承诺服务，率先推动人社服务从"秒批"走向"信用审批"。打造融合电子社保卡、电子健康码、医保电子凭证的"市民码"示范样板[3]，积极推动社保卡在交通出行、观光旅游、数字货币等方面的创新应用，深圳以社会保障卡为媒介，构建了一种"一卡通"式服务管理模式，并率先实现统一公共服务平台的建设。

深圳建设智慧城市对成都的启示：成都应健全智慧蓉城的高效工作机制，加强目标考核督查，各区、各部门"一把手"全面负责

---

[1] 《深圳市探索智慧城市建设：广东省新型城镇化典型做法之五》，广东省发展和改革委员会官网，http://drc.gd.gov.cn/sxdt5619/content/post_3880798.html。

[2] 《深圳市探索智慧城市建设：广东省新型城镇化典型做法之五》，广东省发展和改革委员会官网，http://drc.gd.gov.cn/gkmlpt/content/3/3880/mpost_3880773.html#870。

[3] 《"十三五"深圳就业人口逾1222万》，深圳新闻网，https://wxd.sznews.com/BaiDuBaiJia/20210201/content_460694.html。

推进工作；对归并部门的职能职责进行科学梳理，对行政管理事项优化办事流程，力求各环节数据化，有效推进"数字政府"建设；大力推进智慧政务建设，创建统一的政务服务应用程序，将各科室的制度和应用整合起来，深化政务服务事项高频化改革，推动政务服务办理更加便捷；切实推进数据资源融通，尤其是在医疗、社保、就业等民生服务的重要领域，数据流通共享能极大提高民生服务效率；应加强政企合力，鼓励企业积极开发基于城市生活服务的新兴应用场景[①]，丰富数字化生活性服务行业业态，如智慧安防、智慧医疗、智慧交通、智慧教育、智慧社区等，走向政府服务企业发展、企业助力政府改革的良性循环。

三 美国：纽约的智慧城市建设

自 20 世纪 90 年代启动数个城市信息化和智能化项目以来，纽约推动城市转型升级的步伐从未停歇。自 2008 年国际金融危机席卷全球以来，纽约市面临着前所未有的挑战，迫使其重新审视并规划城市发展战略，决定把握信息、数据、物联网等新兴技术带来的机遇，由过去依赖金融资本驱动转型为以科技创新驱动智能化的城市发展，并于 2015 年公布了《一个纽约：繁荣而公平的城市发展规划》，确定了纽约智慧公平城市建设的四大行动：一是制定各类联网设备及物联网设施的构建原则及战略框架；二是在全市范围内的新型技术及物联网设施布设行动中承担好协调责任；三是与学术机构、私人企业等合作，开展科技创新试点工程；四是与世界上其他大都市政府、相关组织合作，分享先进的实践经验、传播技术进步的有益影响。纽约智慧城市建设的主要成就包括以

[①] 张宇、许宏鼎：《深圳新型智慧城市建设成效、经验及其对成都的启示》，《成都行政学院学报》2018 年第 6 期。

下三个方面。

一是智慧化的城市基础设施。以NYC311为代表的城市运行基础设施已实现为全体市民提供多国语言、多群体（视觉、听觉障碍等）、多渠道（社交媒体、热线、网站等）、全天候响应的公共服务；以LinkNYC为代表的免费高速无线网络已建成全世界最大和最快的城市Wi-Fi基础设施，让市民人人都有机会获得网络连接[1]；利用纽约下水道详尽的电子地图，城市下水道及相关设施一目了然，这使得下水道的维修及改造变得更为简便；伴随电子监测器的加装，下水道井盖下的水流情况得到全天候监测，并且因为数据实现即时反馈，城市能够及时采取预防灾害的措施，潜在灾害得以提前遏制。此外，集成的311代理呼叫热线主要用来为市民提供除非紧急服务以外的政府日常信息服务，这一系统的接通方式包括电话、网络、文本、社交媒体（推特、脸书等）、移动设备（App）等，满足民众对社区和各种信息服务的需求，甚至帮助人们解决现实生活中遇到的各类问题。自311热线设立以来，911报警电话的呼叫量明显下降，公众参与城市治理的积极性明显提升。

二是智慧化的公共服务。例如，智慧化的医疗卫生服务。从2005年至2009年，纽约在健康记录方面启用并不断完善升级电子记录系统。时至今日，纽约各层级的医疗机构均已使用电子病历系统，令医生在电脑上就能调看病人的患病情况，并能在网上对病情做出会诊研判，使治病措施更全面准确；建立起医疗信息的在线交换流程，不同系统之间不再是"信息孤岛"，而是可以交换共享；移动终端的医疗App的研发应用，使得普通人可以随

---

[1]《全球数治丨纽约建设智慧城市的主要路径和手段》，腾讯网，https://new.qq.com/omn/20211203/20211203A0A03100.html。

时获取医疗服务。又如，智慧化的教育服务。伴随宽带进校园计划的加速推进，宽带铺设效率和网络服务水平突飞猛进。智能图书馆建立起来，图书的借阅变得智能化，图书的管理也更加便捷。校务管理也变得智能化，如纽约大学对教学管理平台的底层开发语言不断更新，使得平台功能也不断提升，能完成具有个性特点的功能定制，为未来与更广泛地区的平台链接奠定基础。

三是公共数据开放共享。借由《开放数据法案》，纽约建立起数据的一口式管理模式，公众可以通过统一的入口，对开放的数据进行浏览、使用。这些数据主要是涉及人口统计信息、用电量、犯罪记录、中小学教学评估、交通、小区噪声指标、停车位信息、住房租售、旅游景点汇总等与公众生活密切相关的信息，同时也包括饭店卫生检查、注册公司基本信息等与商业密切相关的数据。[1] 同时，在政府部门的电子邮件系统中进行了重要的技术改革，并建立了名为"纽约市商业快递"的网站，显著提高了政府的工作效率及服务质量。

美国纽约智慧城市建设对成都的启示：纽约的智慧城市建设中，规划和政策起到了提纲挈领的作用，因此成都有必要抓好顶层设计，用规划和政策确保成都智慧城市的持续推进。纽约智慧城市的建设非常注重服务的智慧化，为此，成都应将"智慧"重心放在城市的经济、文化、社会、环境及市民的整体发展上，不要舍本逐末，只单纯更新管理的技术，而忘记管理的目的和技术的使用是为了更好地回应群众对美好生活的诉求。纽约智慧城市建设注重数据的开放共享，成都也可探索超大城市层面的数据开放立法，依法明确政府开放数据的责任和义务，并构建完善类似

---

[1] 王操、李农：《上海打造卓越全球城市的路径分析——基于国际智慧城市经验的借鉴》，《城市观察》2017年第4期。

于纽约统一数据开放平台 NYC Open Data 的成都统一数据开放平台，向社会开放有价值的数据，让大众更加便捷地接触到与解决日常生活中各类问题相关的"民生数据"，切实感受成都"智慧城市"建设带来的"智慧生活"。

第 四 章

成都公共服务改革实践成效及机遇挑战

"十三五"时期,成都坚定以人民为中心的发展理念,致力于满足人民群众日益增长的美好生活需求。[①] 成都在高标准全面建成小康社会方面取得了决定性的成就,民生和社会事业实现了全面进步。这些进步使得成都成为城市幸福美好生活的典范,截至2021年,成都蝉联"中国最具幸福感城市"榜首已有13年。虽然"十三五"时期成都公共服务发展迅速,并迎来了国家政策赋能、城市能级提升、科技应用创新、消费需求增加、双城经济圈建设等新机遇;但成都在公共服务的体制机制、服务数量品质、区域均衡、社会参与、智慧化等方面还存在不足,且面临着人口快速增长、民生需求凸显、服务供给失衡等新挑战。

第一节 公共服务发展成效

一 基本公共服务供给能力显著增强

"十三五"时期,成都民生事业发展更加优质均衡,城乡居民

[①] 《社区15分钟生活圈:更便捷 更安全》,《光明日报》2021年5月29日第6版。

生活不断改善。就业规模扩大，"稳就业"基础夯实。城镇新增就业139.94万人，较"十二五"末增长18.3%，农村转移就业人员新增42.58万人，登记失业率/调查失业率在4%—5%，一直低于全国、全省水平；劳动力市场岗位供给充足，市公共人力资源市场年均向社会提供各类岗位23.8万个，求人倍率1.7（即每个求职者有1.7个岗位可选择）。优质医疗服务供给扩大，一定程度上缓解了"看病难、看病贵"难题。三级医疗机构达91家，较"十二五"末增加37家，覆盖21个区（市）县，覆盖率达91.3%；每千人医疗卫生机构床位数由2016年的8.0张提升至2020年的9.0张，每千人口执业（助理）医师数由3.4人升至4.3人，每千人口注册护士数由4.2人升至5.5人，全市居民的人均期望寿命为81.52岁，已达到高收入国家的平均水平。教育水平提升，各级各类教育持续健康发展。累计建成学校（幼儿园）8099所，新增学位52.5万个，新增幼儿园园长和专任教师1.5万人、中小学专任教师1.6万人，分别较"十二五"末增长31.5%和16.7%。伴随普惠性学前教育的大力推进，全市的学前教育三年净入园率显著提升至99.43%。九年义务教育巩固率达到99%，义务教育优质学校在校生占比达60%以上。建成54所省级示范性高中，全市高考一本上线率达37.4%、本科上线率首次突破80%。建成16所具有示范性质的中等职业学校，创建13所国家中等职业教育改革发展示范学校。此外，有7所高职学院成功跻身全国"优质高职学校"之列。8所在蓉高校入选"双一流"建设高校。荣获联合国教科文组织"全球学习型城市奖"。养老服务水平不断提高，已经初步形成以家庭为基础、社区为支撑、机构为补充的医养结合的养老服务格局。居家养老和社区养老进一步融合发展，共建成239个社区养老院、2740个社区日间照料中心、421个老年助餐服务点和近千家社区养老服务站点。2021年城市社区和农村社区养老服务设施的覆盖率相较于2016年分别提高30个和32个百分点，达到100%和92%。每千名老人拥有养老床位数由2016年的38.0张提升至2020年的39.6张，平均每千位老人医养服务人员数由2016年的1.5人提升至2019年的2.9人。多层次的社会保障体系日益成型，法定人员参保接近全覆盖。截至2020年末，成都基本养老保险参保人数达到1286.0万人，失业、工伤保险参保人数各自达607.1万人、683.8万人，相比"十二五"末期，分别增长43.4%、82.7%、97.6%。企业退休人员和城乡居民待遇领取人员月人均养老金分别达3479元、593元，较"十二五"末分别增长34.4%、49.0%，待遇水平分别位列全国19个副省级以上城市第6位和第3位。此外，2020年每万人拥有公共文化设施面积和人均体育场地面积分别达348.9平方米和2.2平方米，较"十二五"末分别增长16.3%和22.2%。保障性住房累计提供16.5万套，并向4.9万户发放了租赁补贴，补贴金额达到4.1亿元。

二 基本公共服务硬件设施更加完善

"十三五"末完成实施各类公共设施配套项目5530个，较目标值多230个。医疗卫生领域，已成功完成包括成都市中西医结合医院、成都市第三人民医院等8个重要的医疗卫生设施的建设。文化服务领域，建成成都博物馆新馆、城市音乐厅、露天音乐公园等17个标志性文化场馆。体育服务领域，建成成都奥体中心、高新区体育中心等22个重大体育设施项目，在天府绿道新增建设体育设施1300余处。养老服务领域，改造农村敬老院119所、建设县级综合社会福利中心14个，改造公办养老机构床位17959张，建成13个公建民营养老机构，新增床位2800张。救助服务领域，建成市级残疾人综合服务示范点5个、"融乐阳光家园"79个，全覆盖建成退役军人服务中心（站）3308个。此外，中心城区公共服务设施项目建成1743个，规划实施率93.7%，新建教育、医疗卫生、文化、体育、市政等8大类18项公共服务设施3183处。其中，中小学、幼儿园开工476个，建成312个；卫生服务中心（站）开工240个，建成149个；在文化活动中心（站）的建设中，共有239个项目开工，其中149个已经竣工；在综合健身馆和综合运动场的建设中，有201个项目开工，其中105个已经竣工；再生资源回收站、垃圾处理站、公厕开工660个，建成478个；社区服务中心、社区用房、养老服务设施开工689个，建成411个；社区综合体开工246个，建成112个。目前，"15分钟城乡公共文化服务圈"初步建成，实现"15分钟健身圈"城镇社区全覆盖，基本公共服务可及化水平提高。

三 基本公共服务均等化水平不断提高

"十三五"时期，成都基本公共服务均等化推进机制不断完善，基本公共服务资源持续向农村和困难群众倾斜。优质资源的区域覆盖面扩大。就教育来看，2018年，区（市）县结成11对义务教育联盟，城乡学校结对发展249对，复核评估33所新优质学校；2021年培育认定新优质学校76所，提升68所公办初中办学水平；率先建成全国唯一覆盖从学前到高中的全日制远程教育体系，实现优质教育资源对郊区学校、少数民族贫困地区的有效覆盖。就医疗来看，引导四川大学华西口腔医院、华西第二医院等优质医疗机构在三环外或城市新区新建院区，满足当地居民对优质医疗卫生服务的需求。城乡公共服务均等化水平得到显著提升。在全国范围内，成都率先将农村基本公共服务和社会管理经费纳入财政预算。此外，基本医疗保险和养老保险在城乡之间实现统一，筹资标准一致，参保补助城乡统一，待遇水平城乡均等。城镇职工和城乡居民的基本养老保险全面衔接、灵活转移，彻底消除基本养老保险城乡分割、"碎片化"。率先在副省级城市整体实现义务教育基本均衡，城乡教育资源供给一体化达成度连续保持在85%以上。通过全面整合全市的医疗资源，成都实现三级医院、区（县）级医疗机构以及基层医疗机构之间医疗联合体的全覆盖建设。通过推动四级公共文化设施的全覆盖，成都实现在区（市）县、镇（街）、村（社区）范围内的公共图书流动共享和一体化服务。经济圈公共服务联动共享不断拓展。教育合作方面，以跨区办学、研学实践和职教联盟实现教学模式共建，以数字教育资源实现教学内容共享。医疗卫生方面，全面开展各类合作，包括医疗服务、应急联动、疾病防控、中医保健、人才交流等。体育方面，成渝共同策划组织多个赛事活动，积极合作开展成德眉资地区教练员交流计划、运动员联合培养计划、体育产业合作计划、大型赛事联办计划和体育场馆共享发展计划等项目。此外，还致力于推动成渝地区的法律服务联盟的构建，以及成德眉资公共法律服务体系的建立。

四 基本公共服务保障水平稳步提升

"十三五"时期，成都基本公共服务"七有两保障"重点领域服务能力不断增强。从财政投入来看，成都民生投入力度持续加大。"十三五"时期，一般公共预算中，民生支出的比例每年均在65%以上。五年时间，教育经费的总投入达到1671.3亿元。卫生健康投入占公共财政支出的比重，由"十二五"末的6.6%增加到2020年的7.7%。城乡居民的基本医疗保险财政补助也由"十二五"末的400元/人·年提高到2020年的560元/人·年。市、县两级财政年度对公共文化服务投入的资金总额达到4.5亿元。大型体育场馆设施建设经费投入超过180亿元，是过去60多年总投入的5倍，残疾人事业资金达33.16亿元。从覆盖面来看，基本公共服务覆盖面进一步扩大，由户籍人口向常住人口覆盖。社保向新经济新业态人员覆盖，重特大疾病医疗保险向全体基本医疗保险参保人员覆盖，义务教育向流动人口随迁子女覆盖，公租房向外来务工人员覆盖，养老、救助向低保边缘符合条件的人群覆盖。城乡居民基本养老保险参保覆盖率达95%以上。2019年，成都全市新经济样本企业在职参保人数达74.67万人。城乡居民报销比例稳步提高，将国家和省两批公布的29项医疗康复项目纳入基本医疗保险支付范围，将不属于基本医疗保险目录的26种药品纳入报销范围。妥善解决148万随迁子女接受义务教育的问题。将城乡低收入住房困难家庭和符合条件的新市民纳入租售并举的住房保障范畴。城乡最低生活保障标准分别提高到850元、800元。将基本养老服务补贴对象范围从低保家庭扩大到低保边缘家庭中的中度、重度失能老人，补贴标准每人每月增加至100元。① 将低保边缘的困境儿童纳入低收入群体价格临时补贴联动机制保障范围，稳步提高优待抚恤保障标准。②

五　基本公共服务制度体系更加健全

"十三五"时期，按照党的十九大报告提出的中国社会的主要矛盾已经发生变化的重大判断，聚焦成都市新时代"三步走"战略目标，突出高品质生活的方向和任务，先后制订《中心城区公共服务设施"三年攻坚"行动计划》《高品质公共服务设施体系建设改革攻坚计划》等促进和改善民生福祉的政策文件。就业、医疗、教育、社保、养老、文体等多个领域，出台基本公共服务相关的政策、意见、方案等超过100项，形成涉及准入标准、设施建设及改

---

① 《把养老工作做实做细　让成都老人安享晚年》，2019年10月7日，红星新闻网，http://news.chengdu.cn/2019/1007/2075748.shtml。
② 《关于建立困境儿童分类保障制度的实施意见》（成办发〔2016〕3号）。

造、管理服务标准等多个方面更为系统完善的政策体系。就业领域，率先在副省级城市中出台地方就业促进条例，创新出台"就业创业20条""返乡创业15条""农民工服务保障措施25条""灵活从业人员服务保障八大机制"等有特色、有温度的，更加积极的就业促进政策措施，在全国副省级城市中，成都首次建立了经济发展和扩大就业的联动机制。医疗卫生领域，出台《"健康成都2030"规划纲要》，印发《成都市人民政府关于推进健康成都行动的实施意见》，制定《健康成都行动监测评估指标》，全面深入推进健康成都建设。教育领域，印发2014—2020年改革实施意见，完成2012—2030年天府新区的成都片区的教育设施布局草案，出台包括《关于进一步优化全市中小学教师资源的指导意见》《成都市教育信息化发展规划（2014—2020年）》《成都市中小学教育质量综合评价指标（试行）》在内的一系列配套政策，从学校质量综合评价、学生入学制度、中考制度、高中招生制度入手对教育领域的一些沉疴痼疾进行了梳理和解决。养老领域，率先在全国副省级城市中公布《成都市养老服务扶持政策清单》[1]，出台促进医养融合发展的实施意见，推进居家社区养老与基层医疗机构融合发展，制定养老机构基本规范、居家养老服务规范等12个地方标准规范行业服务。发布了12个标准规范，对养老机构和居家养老服务进行了规范。社保领域，深化社会保险制度改革，在全国率先出台新经济新业态社会保险办法，在全省率先出台公务员工伤保险办法、率先启动工伤预防试点，率先发布3项社会保险地方标准，建成运行"成都市社会保险现代治理体系"。文化领域，先后制定了《成都市基本公共文化服务实施标准（2016—2020年）》《成都市村

---

[1] 《成都把养老工作做实做细　解决养老服务"最后一公里"》，成都文明网，http://cd.wenming.cn/wmbb/201910/t20191008_6085831.shtml。

（涉农社区）公共文化精准服务导则》等12项标准规范，并于2020年出台首个公共文化服务基层服务中心的服务标准，及时精准指导全市现代公共文化服务体系建设。

六 基本公共服务供给机制更加优化

成都市在基本公共服务的推进机制和服务供给机制方面进行了积极的创新，这些创新明显提高了服务供给的效率。在工作推进机制方面，建立基本公共服务清单标准管理和动态调整制度及服务统计检测评估考核体系，明确重点任务纳入全市目标考核，重点改革事项纳入全市全面深化改革落实台账，促进了基本公共服务的落实及对居民需求变化的适应；部分领域，如特殊群体儿童关爱保护建立了工作联席会议制度，强化了民政牵头、部门分工、联动协作的工作机制，各区（市）县也健全了关爱保护工作机制，开展常态化巡查关爱。在服务供给机制方面，积极探索创新政府为主、市场和社会共同参与的多元化供给模式，逐步放开、放宽养老、托育等领域准入门槛，充分利用市场资源满足多元化需求。一些工作创新得到国家及四川省的肯定。例如，普惠性稳岗返还被审计署纳入地方典型经验在全国推广；长期照护保险试点提高了受益老人生活和生命质量；武侯区和高新区开展养老合格供应商试点；高新区试行了基本公共服务的标准化工作机制，并成为全国首批城企联动普惠养老试点城市；开展了救助服务的标准化和福利服务的标准化等9个省级试点工作。

七 基本公共服务供给内容更加丰富

成都编制了一份基本公共服务清单，该清单涵盖了基本公共教育、基本公共就业、基本社会保险、基本医疗和公共卫生、基本社会服务、基本住房保障、基本公共文化教育、残疾人基本公共服务以及优抚安置服务等9大类共计96个项目。相较于国家清单和四川省清单，成都市政府的基本公共服务清单多包括了15个和7个项目。2020年，成都对基本公共服务清单进行年度动态调整更新，在2019年版基本公共服务清单的基础上，新增"中等职业教育国家奖学金""事实无人抚养儿童保障""12348法律咨询服务""人民调解服务"等4项服务项目，最终形成了100项基本公共服务项目。基本医疗卫生服务领域，在国家基本公共卫生服务项目的基础上，增加儿童口腔疾病综合干预、老年人肺炎疫苗接种和慢性病患者中医药管理等项目。基本社会服务领域，积极拓展医疗救助模式，资助参保、门诊救助、一般住院救助、大病住院救助、补充医疗救助、罕见病救助等。公共文化领域，倡导推动公共文化设施和场馆的免费开放，以实现公共图书馆、文化馆、美术馆、乡镇综合文化站以及城市社区（街道）文化中心的全面免费开放和延时开放。此外，期望公益性艺术培训和文化鉴赏活动能够全面覆盖各个层面，以提升公众的艺术素养和文化鉴赏能力。残疾人基本公共服务领域，在全省率先建立残疾学生从学前教育到高中阶段的15年免费教育体系，残疾儿童少年教育资助体系覆盖全学龄段，集机构托养、社会托养、社区照料、居家托养四位于一体的残疾人托养照料服务体系基本建立。2021年成都发布《成都市基本公共服务标准（2021年版）》[①]。2021年版服务标准按"七有两保障"分为9大类25小类104项服务。更新涉及了清单的部分服务项目，新增了一些服务对象，对服务内容和要达到的保障标准也做了新的规定服务内容和保障标准等，具体新增包括"流动人员人事档案管理服务""地方病患者

---

① 《成都市发展和改革委员会等17部门关于印发〈成都市基本公共服务标准（2021年版）〉的通知》（成发改社会〔2021〕126号）。

健康管理""退役军人就业创业服务""特殊群体集中供养""少数民族文化服务""创业指导"等6项服务项目。实现了对国家标准的全覆盖,104项服务标准中61项达到国家标准,23项高于国家标准,20项属于自有项目。

八 基本公共服务供给效率明显提高

"十三五"时期,成都以满足人民群众多层次服务需求为出发点,多措并举,提高基本公共服务供给效率。加大对基本公共服务的购买力度。出台了购买社会组织服务的政策意见,鼓励购买主体同等条件下优先向社会组织购买公共服务,且比例至少为30%。制订购买服务的三年行动计划,明确购买的年度目标,编制指导目录。启用政府购买服务信息化平台,上线千条服务项目信息和700家社会组织信息。出台《成都市中小企业采购信用融资暂行办法》[1],切实降低企业融资成本。逐步形成政府、市场、社会多元供给的格局。民生投资集团及社会资本参与基本公共服务供给方面,教投集团、医投集团、体育投资集团、绿道投资集团、益民投资集团等在优质中小学校的建设、社区康养产业链、赛事运营平台建设、绿道生态建设、农产品生产流通全产业链建设等方面充分发挥了专业化功能。社会力量在教育、医疗、文化、体育、养老、残疾人康复等公共服务领域也充分发挥了作用。如养老领域,在城企联动普惠养老专项行动中,探索实施养老机构公建民营,投入近4亿元建成13个公建民营养老机构;崇州率先将11家农村敬老院以"公建民营"的方式交给有资质的

---

[1] 《成都市中小企业采购信用融资暂行办法》(成财采〔2019〕17号),全国公共资源交易平台(四川省·成都市)成都市公共资源交易服务中心(成都市政府采购中心)官网,https://www.cdggzy.com/site/Plus/Info.aspx?infoid=502B7704A2FD4CFE93695A6805E291F7。

市场主体进行托管，提高养老服务品质。社会力量通过承接公共服务项目也获得了成长。目前，成都市23个区（市）县已全部拥有枢纽型社会组织，2021年社会组织数量达到12673家，比2016年增加2228家，累计服务群众1500万人次；培育发展社会企业65家，成为全国社会企业最多的城市。充分利用信息技术提高基本公共服务供给的便捷化程度。持续优化天府市民云平台，2021年已集成61个市级部门（单位）政务、公共、社区和生活服务242项，23个区（市）县特色服务477项，用户数突破1100万，服务人次超4亿，市民满意度达92%以上；持续推进成渝、成德眉资市民服务线上一体化，重庆和德眉资市民可在线共享优质市民服务28项。在人社服务领域，建成"一制五化多平台"社保经办管理服务模式，全市社保经办服务线上线下同质同效；劳动保障12333智能咨询服务系统上线，实现全天候自助式人社智慧咨询；打造"互联网+公共就业创业"平台，建立劳动者职业培训电子档案，与5000多家成都企业建立用工需求职能匹配的供需机制，就业创业服务实现"线上培训—岗位推荐—就业跟踪—培训评估"的闭环服务。在文化服务领域，全面提供数字文化服务，各级文化场馆、图书馆为市民提供电子阅览室、免费上网、免费Wi-Fi服务，推广文化服务各类App，2020年新冠疫情期间，全市各级公共文化机构利用数字文化资源组织开展线上服务项目4万余件，累计线上点击量达3500万余次。在"互联网+医疗""互联网+教育"等领域，建成依托成都市云计算中心（政务云）的健康医疗数据中心和全民健康信息平台，接入医疗机构800余家，汇集数据约80亿条；建立起惠及全市1500余所学校和62万个学生家庭的"成都数字学校"。

第二节 公共服务发展短板与不足

一 体制机制建设有待完善

目前,成都的基本公共服务制度体系已经较为成熟。但仍需要出台一些深化改革的政策,如促进基本公共服务跨领域统筹发展,公共服务设施共建共享、复合使用;促进基本公共服务重点领域如教育、医疗等均等化水平提高。在与部门的座谈中,反映普遍的一个问题就是公共服务部门间的工作统筹协调度不高。如公共服务设施建设涉及包括住建在内的多个部门,虽然已建立了工作例会制度,但目标、思路、行动计划还未完全实现统一,需要进一步统筹。又如,公共文化服务涉及多个部门和众多事业单位还有各层级各类型的"准"文化设施,如针对一老一小的活动中心,针对社区居民的社区活动中心等,这些准文化设施的文化服务供给工作的统筹协调机制还有待完善。反映突出的第二个问题是投入相对不足。作为常住人口超过2000万的超大型城市,成都人均一般公共预算支出在副省级城市中排名垫底。以成都"七普"2093.8万常住人口测算人均一般公共预算支出,每人仅有10314元,在除拉萨、海口以外的全国30个省会城市和副省级城市中,排名只高于南宁市;有7个城市的一般公共预算支出人均水平高出成都市50%;与排名第一的深圳市相比,深圳市人均一般公共预算支出是成都市的2.3倍(见图4-1)。可见,成都市公共服务水平仍有较大提升空间。

第四章 成都公共服务改革实践成效及机遇挑战 / 87

2022年地方一般公共预算支出（亿元）

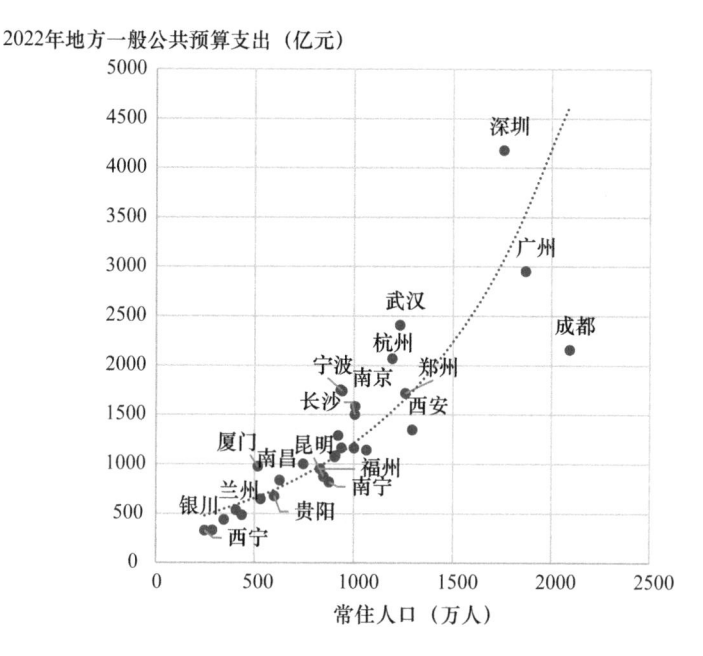

[散点图：横轴为常住人口（万人），纵轴为2022年地方一般公共预算支出（亿元）。标注城市包括：深圳、广州、成都、武汉、杭州、宁波、南京、郑州、长沙、西安、厦门、南昌、昆明、福州、南宁、兰州、银川、贵阳、西宁]

图 4-1 重要城市的地方一般公共预算支出与人口规模对比①

此外，普惠性非基本公共服务和高品质多样化生活性服务的相关制度体系较为欠缺。需要从制度层面进一步明确三种服务的界限范围和政策衔接点，普惠性非基本公共服务的内容、供给方式、亲民的定价机制，高品质多样化生活性服务的政府标准、企业标准、社团标准、服务质量监管、市场供给主体培育等。亟须建立健全普惠性非基本公共服务和高品质多样化生活性服务的相关配套制度，完善基本公共服务制度体系，从而推进成都公共服务制度体系的整体完备。

---

① 图中的散点表示全国30个城市，包括15个副省级城市和其他15个省会城市（不含拉萨、海口），由于图左下方的数据点比较密集，为方便查看，图中未标注出所有数据点代表的城市名称；数据来自《中国统计年鉴2021》、各城市"七普"公报。

二 服务供给量质有待提高

2021年,成都104项基本公共服务在文化、体育领域实现服务人口全覆盖,在教育、卫生、社保、就业等大部分服务项目实现常住人口全覆盖。但是,公共服务仍然存在总量供给不足、优质资源稀缺的情况。首先,公共服务设施供给总量不足。"十三五"时期,公共服务设施是按照户籍人口进行建设的,但"七普"的常住人口为2093.8万,和户籍人口有500万的差值,如果将设施分摊到常住人口,则供给总量的覆盖情况有限。其次,公共服务设施的品质有待提高。"818"基本公服设施仅满足居民基本需求,特色化、人性化、智慧化公服设施不足,品质不高;重大文体设施与北、上、广、深等一线城市相比,数量少、规模总量小,与三城三都定位有较大差距;三甲医院总量与北京、上海、广州等城市存在差距,全国百强医院中仅有4家在蓉医院(华西医院、华西口腔医院、华西第二医院、四川省人民医院)进入,北京有18家、上海有16家、广州有8家。分服务领域,成都公共服务量质均有待提高。全市博物馆、图书馆、公园、体育场馆、文化馆总体上集中在中心城区[①],人均设施不乐观,如2020年底全市人均体育场地面积1.8平方米(按"七普"成都2098.3万人平均),比全国平均水平低0.4平方米,与北京2.45平方米、上海2.35平方米相比,差距较大。在全国范围内具有影响力、在区域范围内具有号召力、具有持续生命力的公共文化活动品牌仍然稀少。三甲医院占医院、妇幼保健院的比例不到10%[②],"难挂号""难就医"问题未根本缓解;公立小学、

---

① 市发改委:《关于成都市基本公共服务与常住人口匹配情况》,内部资料。
② 根据《2021年成都市卫生健康事业发展统计公报》,中医院、妇幼保健院合计713家,三甲医院55家,占比7.71%。

公立幼儿园、公办养老院等以"公"字打头,能获得更多政府补贴、收费低、设施配备好、人员素质高的公共服务资源的学位紧张、园位难求、排队等床的现象仍然突出。一些区(市)县的教育,如金堂县,初中教育出口质量低,与周边教育先进区(市)县相比差距明显;现有医疗资源不足,人才队伍较弱,卫生技术人员数比全市水平少4.21人,在"名院""名医""名科"建设上仍然存在差距。

此外,普惠性非基本公共服务和高品质多样化生活性服务业发展与居民需求还有较大差距。普惠服务供给总体水平不高,特别是普惠托育、学前教育、普惠养老等领域,还存在着服务资源配置与人口规模、结构、布局不相匹配,普惠性服务定价与居民消费水平联动机制不健全的情况;而高品质多样化生活性服务业在服务的专业化、高端化、优质化及个性化方面还有较大提升空间。如教育领域,2019年,成都普惠性幼儿园的覆盖率达到75.38%,公办幼儿园在园幼儿占比达到36.6%,距离国家明确的普惠性幼儿园80%、公办幼儿园50%占比要求仍有一定差距(攻坚已基本消除中小学学位缺口),托位缺口预计约10万个;职业教育适应现代化产业体系的快速反应能力亟待增强,新经济学科(专业)规划和建设动力明显不够;高等教育拔尖创新人才不足,成都4所市属高职院校均未进入2019年中国高职高专院校竞争力排行榜前200;在蓉高校毕业生留蓉工作比例约50%,相较留京62.5%、留沪70%等还有提升空间。如养老领域,养老设施规划刚性落实不足,全市规划新建及规划未建养老机构占地6400.5亩,仅28.4亩落地建设,占规划总面积的0.3%;普惠性养老机构供给不足,占比60%的民办养老机构入住费用较高,失能半失能老人入住平均成本在3000元/月以上,低收入人群无力支付,入住困难;专业照护人员配比不足,且以"四五十岁年龄段"居多,取得专业护理资质的比例较低,服务专业化程度普遍不高；养老服务设施营运水平不高，不少社区日间照料中心仅仅实现了娱乐休闲功能，未能充分发挥多样化的养老服务功能。在座谈中，有区（市）县，如金堂县提出，全县普惠性托育机构缺失，规模化、规范化营利性托育机构较少；职业教育服务能力弱，现有职校规模小、布局不合理、资源利用率低，同质竞争严重，专业设置与产业需求脱节；医养结合发展较慢，现有医养结合机构和床位较少，与深度老龄化的趋势不相适应。而高新区和天府新区2018年普惠性幼儿园覆盖率仅为52.17%和54.55%。

三 区域均衡发展有待推进

尽管成都在2020年全国公共服务质量检测[①]中以83.72分排名第一，但是，成都公共服务整体发展不平衡，区域间、城乡间差距仍然较大。

公共服务资金投入区域不均衡。例如，2021年度购买公共文化服务配套经费，全市配套最高的青白江区为1920.9万元，是东部新区98.7万元的19倍；乡镇（街道）综合性文化中心常年运行配套经费，全市配套最高的双流区为22.98元/人，是都江堰市1.11元/人的20倍。

公共服务设施建设区域不均衡。中心城区和郊（市）县公共服务建设规划实施率相差10%以上，同时农村公共服务规划建设滞后。而且由于长期以来乡村建设未纳入城乡规划建设管理体系，缺少标准和监督，农民建房随意性大，质量水平低，公共服务配套设施建设、物业服务管理、建设审批制度改革、建设工程质量安全管理等住建领域相关工作对乡村区域的覆盖仍显不足。如金堂县存在

---

① 根据国家市场监督管理总局印发的《2020年全国公共服务质量监测情况通报》（2021年第39期），在全国31个省（区、市）共110个监测城市中，成都排名第一。

教育公建配套不足，学校布点不够、学位供给紧张的突出问题；医疗资源总量不足，2020年每千人床位数比全市水平少0.35张；文化设施陈旧，无县级综合博物馆、演艺中心、综合旅游集散中心。又如，东部新区等新建区域，学校和医院的建设比较滞后，居民生活的便利度较低，小区空置率较高，而不高的入住率又影响了公共服务设施建设的跟进，形成服务设施建设不到位和人口入住率低相伴的不良循环。

多个领域的公共服务设施建设存在区域配置不均衡。如教育类的设施布局欠均衡，"11+2"区域幼儿园、中小学数量分别占全市总量的60%、68.3%，教育资源布局落后于区域人口增长，人口流入较多区域教育服务已成为公共服务短板，如高新区和天府新区2018年普惠性幼儿园覆盖率分别仅为52.17%和54.55%。医疗卫生领域的公共服务设施布局欠均衡，医疗资源集中于中心城区，东部新区实质上连一家二级医院都没有，天府新区、高新区、龙泉区相比全市医疗资源配置总量较低；超过80%的三甲医院集中在中心城区，"5+2"区域集中了全市60%以上的大型医疗设备、50%以上的病床、执业（助理）医师，武侯、青羊千人口床位数均超过15张，但龙泉驿、双流等还不到6张。文化领域的公共服务设施布局欠均衡，中心城区供给充分、等级高，外围城区供给不足、等级低，天府新区、东部新区目前还没有区级文化馆、图书馆；简阳市2016年由成都托管后，虽然每年安排500万元市级专项资金指导帮扶，但公共文化服务与成都其他区（市）县相比还有较大差距，短时间内是成都的短板。体育设施也存在区域分布欠均衡的情况，由中心城区向外围逐步降低。中心城区体育设施500米总体覆盖率为43%，但其他区县为20%—40%。

积分入户的区域选择也从侧面反映出成都公共服务资源分布不均衡的特征。市社科院课题组对2018年成都积分入户4005人的入户区域分析发现，58.05%的入户者选择落户中心城区，40.85%的入户者选择城市新区的双流、郫都、龙泉及天府新区，在郊区新城落户的只有1.1%，而影响入户区域选择的重要因素正是公共服务资源区域配置的差异，配置好的区域落户者众多，配置差的区域落户者稀少。

四 社会参与深度有待拓展

"十三五"时期，成都公共服务多元供给取得可喜成效，如民营医疗机构的床位数、总诊疗人次数占比高于北京、深圳、重庆等城市；民办养老机构和床位占比均超60%。但是，成都在社会力量参与公共服务供给方面还有不足，鼓励社会力量参与公共服务供给的政策机制有待创新，具有影响力和带动效应的服务企业、服务组织、服务品牌数量不足。如体育设施，特别是大运会后，专业赛事场馆多为企业配建或者以资源置换的方式建设，后期如何引导"民建"设施坚持以服务群众为基本导向，推进场馆良性运营有待进一步探讨。又如，社会化养老方面，已有政策刺激有限，民办养老机构融资困境未彻底打破，仍然主要依靠自有资金勉强维持运营。再如普惠式学前教育，政策刺激社会资本投资意愿有限，社会资本更愿意投向高端学前教育而不是中低端。此外，在品质化的公共服务领域，有能力、有实力提供品牌服务的组织欠缺，目前，成都市有评估等级的社会组织仅占社会组织总数的15.8%[1]，作为社会主体重要组成部分的社会组织还处于数量规模型向质量效能型转变的初期；而获得社会企业认证的也不到百家（2018年成都市开始认证社会企业），2020年认证通过的只有

---

[1] 《成都市民政局2021年工作总结》，内部资料。

33 家[①]，且还高于前两年。

五 服务智慧化水平有待提高

"十三五"时期，成都通过不断提升基础网络及新技术基础设施建设水平、积极推动 5G 技术应用，在基础设施互联、智慧民生、智慧出行、智慧医疗等方面取得较好成绩。[②] 但成都市公共服务智慧化水平仍然有待提升。成都的智慧城市建设推进相对滞后，长期处于"复制追赶"的状态，直到 2020 年 10 月才有了专项的行动方案，即《成都市智慧城市建设行动方案（2020—2022）》[③]，而杭州早在 2017 年就出台了"数字杭州"的发展规划，深圳则在 2018 年出台了"智慧城市"建设的总体方案。不仅如此，目前各个部门的智慧建设与管理相对封闭，数据标准不统一，信息壁垒林立。如对标深圳、宁波等城市，成都市人社系统数据集成度不高，而深圳通过跨部门跨层级数据共享，已实现人社业务"秒批"和"一窗办理"；服务事项标准化程度不高，不同业务板块服务质量参差不齐，而宁波通过创新建立 128 项经办标准，已实现全域人社公共服务规范统一、最多只跑一次；办事流程有待优化，而深圳已能远程协作"5G 视频办"，宁波则能"无感智办"。又如公共卫生应急服务智慧化水平仍然较低，基础数据采集主要依靠人工，并且要多头报送，多次填报来自不同部门不同口径的表格，数字赋能基层治理的程度需要进一步提高。此外，交通、道路、燃气、供水、排水、热

[①] 成都市社会企业综合服务平台：《快戳！带你复盘 2020 年成都市社会企业认证》，https://weibo.com/ttarticle/p/show?id=2309404577017252151325。

[②] 张淼、关庆珍：《成都智慧城市视野下的公共服务建设研究》，《科技创新与应用》2020 年第 6 期。

[③] 《成都市人民政府关于印发成都市智慧城市建设行动方案（2020—2022）的通知》（成府发〔2020〕25 号），成都市人民政府官网，https://www.chengdu.gov.cn/chengdu/c136121/2020-12/16/78e91f092a2847b8a6f23efc8a430d05/files/4839be0b14de4801a4ba1e0708d56bc7.pdf。

力、园林、环卫等公共服务设施的智能化升级改造难度较大,要全面铺开,基本信息采集难度较大,将影响后续基于信息的城市全面智慧治理。

第三节　公共服务发展面临的机遇

一　国家重大部署叠加赋能

成渝地区双城经济圈建设、"公园城市示范区"加快推进,为成都建设具有高品质生活的宜居之地,打造宜居宜业城市典范,回应人民美好生活新期盼提供了有力的政策动能。《成渝地区双城经济圈建设规划纲要》提出增加优质公共产品和服务供给,持续改善民生福祉,不断提高人民群众的幸福感。《中共成都市委关于高质量建设践行新发展理念的公园城市示范区　高水平创造新时代幸福美好生活的决定》[1] 提出建设高品质公共服务体系,推动基本公共服务覆盖常住人口,到"十四五"末新建和改扩建幼儿园、中小学400 所,支持在蓉高校开展"双一流"院校建设,大力发展现代职业教育;推动优质医疗资源扩容,到"十四五"末新增三甲医疗机构 10 家以上;构建多层次多支柱养老保险体系,推行商业保险与基本医疗保险补充衔接[2];全面推进城区、片区、街区、社区四级文化空间建设,到"十四五"末新增公共文化示范点 230 个[3];优

---

[1] 2021 年 7 月 23 日,成都市委十三届九次全会审议并通过《中共成都市委关于高质量建设践行新发展理念的公园城市示范区　高水平创造新时代幸福美好生活的决定》。

[2] 四川发布:《中共成都市委关于制定成都市国民经济和社会发展第十四个五年规划和二〇三五年远景目标的建议》,https://baijiahao.baidu.com/s?id=1687629793629554203&wfr=spider&for=pc。

[3] 四川发布:《中共成都市委关于制定成都市国民经济和社会发展第十四个五年规划和二〇三五年远景目标的建议》,https://baijiahao.baidu.com/s?id=1687629793629554203&wfr=spider&for=pc。

化体育运动空间布局,到"十四五"末实现人均体育场地面积达2.6平方米,市民体质合格率达93.5%。《成都建设践行新发展理念的公园城市示范区总体方案》[1]提出成都2025年公园城市示范区建设的发展目标之一就是居民生活品质显著提高,基本公共服务的均等化水平明显提高,养老育幼、教育医疗、文化体育等服务更趋普惠共享,住房保障体系更加完善,覆盖城区的"一刻钟便民生活圈"基本建成。上述政策文件的出台对成都"十四五"加快公共服务体系的构建,加快公共服务水平的提升无疑是极大的政策利好,可以预见,在强力政策的支撑下,成都的基本公共服务、普惠公共服务及品质生活服务均会有极大改善。

二 城市发展能级显著提升

"十三五"时期,成都推动城市能级提升、发展方式变革、治理体系重塑、生活品质提高,实现从区域中心城市向国家中心城市的历史性跃升。[2] 城市高质量发展的增长极和动力源提档升级,地区生产总值排名全国第7,电子信息产业成为全市首个万亿元级产业集群,国家级创新平台达119家[3],"人才新政"吸引超过41万青年人才落户,市场主体突破292万户,位居副省级城市第2位;城市空间结构和经济地理全面重塑,实现从"两山夹一城"到"一山连两翼"的千年之变,14个产业生态圈、66个产业功能区和

---

[1]《关于印发成都建设践行新发展理念的公园城市示范区总体方案的通知》(发改规划〔2022〕332号),中国政府网,https://www.gov.cn/zhengce/zhengceku/2022-03/17/content_5679468.htm。

[2]《"十三五",成都历史性跃升》,成都市发展和改革委员会网,http://cddrc.chengdu.gov.cn/cdfgw/ztlm039001/2021-04/30/content_dfabfedd2ffd42759240b6544389af6b.shtml。

[3]《速看!2021年成都市政府工作报告(全文)》,蓉城女性网,https://www.cdsfl.org.cn/mobnews/339/43618.html。

2800万平方米高品质科创空间加快建设①,成德眉资高铁半小时通勤圈基本建成,成渝地区双城经济圈建设上升为国家战略;城市生态价值和永续发展优势迅速集聚,公园城市大美形态加速呈现,森林覆盖率40.2%、空气优良天数率76.5%,轨道交通运营总里程跃居全国第4位,建成天府绿道4408公里,宜居品质和城市价值得到大幅提升;城市国际影响力和区域带动力显著提升,天府国际机场一期工程基本建成,双流国际机场年旅客吞吐量、国际(地区)航线居全国第4位,在蓉世界500强企业达305家,全球金融中心指数排第43位;城市高品质宜居生活特质加快显现,一般公共预算民生支出占比每年超过65%,新增基本公共服务设施3691处,连续12年蝉联"中国最具幸福感城市"榜首,GaWC世界城市排名由2016年的第100位跃升至第59位。成都城市能级的提升为成都完善公共服务供给体系,加快构建"底线民生、普惠民生、高品质民生"的大民生格局奠定了坚实的发展基础。②

三 新一轮科技革命和产业变革迅猛发展

云计算、大数据、物联网、区块链、人工智能③等新技术的创新与应用,不断催生公共服务的新手段、新场景、新样态。早在2017年,成都便在全国率先实现全市范围内的千兆网络覆盖,提前三年实现"宽带中国"2020年的战略目标;在5G技术发展的浪潮中,成都积极推动5G网络的前期规划和实验,成功构建了全球首个2.6GHz频段的5G基站和5G地铁站;此外,还打造了全国首个

---

① 《速看!2021年成都市政府工作报告(全文)》,蓉城女性网,https://www.cdsfl.org.cn/mobnews/339/43618.html。
② 封面新闻:《成都:这是我的"十三五"成绩单》,https://baijiahao.baidu.com/s?id=1690743012312106616&wfr=spider&for=pc。
③ 《〈成都市"十四五"公共服务规划〉出炉:"幸福成都"打造"幸福样本"》,腾讯网,https://new.qq.com/rain/a/20220506A05LO000。

顶级的5G示范街区和5G精品环线，为公共服务智慧建设提供了坚实的硬件基础。2018年10月"一站式"智慧民生服务平台——"天府市民云"上线运行，为市民提供政务服务、生活服务、社区服务等分类城市服务的"总入口"[①]。只需要一次认证、一号登录，就可以实现一站通行、全网通办，实现了让数据多跑路、百姓少跑腿的目标。[②] 在智慧出行方面，成都于2017年和百度地图合作，共同定制开发了"成都交通实时监测与研判分析平台"。该平台通过收集街道监控设备及人工巡查数据，将实时交通情况传输至百度，并结合百度地图用户反馈的大量数据信息。通过这种方式，平台能够及时发布中心城区所有中小街道的交通状况，并自动生成最佳出行方案，为市民提供智慧出行的引导。2019年2月，成都交管局与中国电信成都分公司合作推出全国首个基于5G技术的智慧交通创新应用。成都交警通过5G直升机和无人机飞行编队对市管高速公路的交通状况进行实时监控。这种创新应用不仅可以对路段的拥堵、事故和交通违法行为等进行准确监控，还可以对现场车辆驾驶人进行实时远程喊话，协调和指挥现场交通，及时恢复道路畅通。

在智慧医疗服务方面，成都积极深入探索5G技术在医疗领域的应用。由成都中国移动与四川大学华西第二医院联合开展的全球首个基于5G行业专网的医疗应用项目正式投入商业运行。该项目涉及多个应用场景，包括5G智慧医院、"5G + VR"新生儿探视、5G远程B超、5G远程手术示教及5G智慧导诊等。此外，成都市

---

① 成都晚报：《"天府市民云"正式入驻"成都发布"》，https：//baijiahao.baidu.com/s?id = 1621965154632854986&wfr = spider&for = pc。
② 《成都"天府市民云"APP上线31个部门的120多项服务一网通办》，四川在线，https：//sichuan.scol.com.cn/scol_sc_m/201810/56598477.html。

第三人民医院成功实现首个智慧医疗的 5G 场景应用[1]，医生通过摄像头和遥控数据传输的程序，精确操控机械臂对病患进行更深入的检查，实现了医患间的实时沟通。这一创新的医疗应用，体现了 5G 技术在医疗领域的广阔应用前景，将为医疗服务质量的提升和医疗资源的优化配置注入新的动力。综上所述，新技术的应用为进一步创新服务方式，优化服务供给提供了有力的科技支撑。

四 品质生活的消费需求不断增加

一直以来，成都坚持以人为本，把消费新场景作为提升人民群众获得感、幸福感的载体支撑，借助品质化与大众化共生、创新性与传承性融合、快节奏与慢生活兼容的消费场景的打造，不断满足成都 2000 余万市民幸福美好生活新需要。结合公园城市消费特质，成都明确了打造地标商圈潮购场景、特色街区雅集场景、熊猫野趣度假场景、公园生态游憩场景、体育健康脉动场景、文艺风尚品鉴场景、社区邻里生活场景、未来时光沉浸场景等八大类消费场景。[2]尤其是在社区邻里生活场景打造中，成都发布《成都市一刻钟便民生活圈建设试点方案》《成都社区商业投资机会清单》，从补齐设施短板、丰富商业业态、壮大市场主体、创新服务能力等多环节凝聚市场主体参与建设合力，塑造了高品质社区生活的成都样本。通过一系列新场景打造的举措和实践，成都以场景营城激发的消费活力充分释放。在 2021 年城市时尚消费力指数排名中，成都居第五位。在城市商业魅力排行榜中，成都已连续多年位列"新一线城市"榜首，在商业资源集聚度、城市人口活跃度、生活方式多样性

---

[1] 张淼、关庆珍：《成都智慧城市视野下的公共服务建设研究》，《科技创新与应用》2020 年第 6 期。

[2] 四川日报：《成都规范公园城市消费场景建设"8 + 10"消费新场景发布》，https：//www.sc.gov.cn/10462/12771/2021/8/21/94868a225a2c4fdab8d6822c7fa6a7f5.shtml。

这三个主要指标上均处于领跑地位，在"后疫情时代"展现出强劲的消费动能与潜力。[1]

五 成渝地区双城经济圈建设拓展了公共服务发展的战略空间

双城经济圈建设鼓励支持公共服务资源共建共享。如在教育领域，要汇聚企事业单位力量，一起打造职业技能竞赛"巴蜀工匠"品牌；构建双城经济圈高校联盟，推动世界一流大学及一流学科建设的协同发展，并助力高校区域布局的优化重组。在医疗领域，联合四川大学华西医院、重庆医科大学附属医院等优质医疗资源，加快建设国家医学中心；共建区域医疗中心和国家临床重点专科群，推动中心城市三甲医院异地设置医疗机构[2]。在养老领域，开展普惠养老城企联动专项行动，跨区域共建养老设施，品牌化、连锁化发展民营养老机构。此外，在文体领域，建立博物馆、美术馆、文化馆等合作联盟，打造"成渝地·巴蜀情"等文化品牌；建立成渝体育产业联盟，推动体育项目合作和竞技人才交流培养。截至2021年11月底，双城经济圈的公共服务水平持续提升，210项"川渝通办"事项全面实施，累计办理超430万件。[3] 联合开展交通通信、就业社保等6个方面便捷生活行动。可见，随着双城经济圈建设的深入推进，优质公共服务资源覆盖面不断扩大，将为基本公共服务均等化提供更有利的实施条件。

---

[1] 人民资讯（人民网人民科技官方账号）：《成都：新消费之城崛起》，https://baijiahao.baidu.com/s? id =1720362865623652062&wfr = spider&for = pc。

[2] 腾讯四川每日经济新闻：《坚持新赛道引领构筑比较优势 加快提振成都未来医学城发展能级》，https://new.qq.com/rain/a/20211230A0BBPU00。

[3] 《成渝地区双城经济圈建设取得阶段性成果》，国家发改委官网，https://www.ndrc.gov.cn/fzggw/jgsj/zhs/sijudt/202111/t20211130_1306540_ext.html。

第四节 公共服务发展面临的挑战

一 人口快速增长带来的服务供给压力

人口规模方面,"七普"数据表明,至 2020 年末,成都市常住人口总量达 2093.8 万人,居全国城市第 4 位,2010—2020 年全市人口增长 581.9 万人,居全国城市第 3 位,未来五年成都人口将继续保持净流入态势,持续扩大的人口规模将总体加大公共服务供给压力。如医疗卫生服务,人口大规模增加必然加剧医疗卫生服务供给的短缺。若以"七普"常住人口 2093.8 万为测算口径,2020 年成都每千人床位数只有 7.34 张,比 2016 年的 8.05 张还要少 0.71 张,每千人执业(助理)医师和每千人注册护士分别相当于 2016 年和 2017 年的水平(见表 4-1)。

表 4-1　"十三五"时期成都医疗卫生服务资源供给状况①

年份	医疗卫生机构（家）	医疗卫生机构床位数（万张）	执业（助理）医师（万人）	注册护士（万人）	每千人口床位数（张）	每千人口执业（助理）医师（人）	每千人口注册护士（人）
2016	9853	12.81	5.5	6.7	8.05	3.43	4.19
2017	10183	13.45	5.8	7.2	8.38	3.61	4.49
2018	10755	14.32	6.15	7.84	8.77	3.77	4.80
2019	12121	14.89	6.84	8.78	8.98	4.13	5.30
2020	11954	15.37	7.24	9.3	7.34	3.46	4.44

① 表内数据来自《2016 年成都市卫生和计划生育事业发展统计公报》《2017 年成都市卫生和计划生育事业发展统计公报》《2018 年成都市卫生健康事业发展统计公报》《2019 年成都市卫生健康事业发展统计公报》《2020 年成都市卫生健康事业发展统计公报》

人口结构方面,2010—2020年成都市"一老一小"数量持续上升,2020年成都市0—14岁和60岁及以上人口达654.5万人,占常住人口的31.3%,增长255.4万人,随着国家生育政策的放开以及人均预期寿命的逐步提高,将给教育、养老等公共服务供给带来巨大压力。就3岁以下婴幼儿托育服务来看,当前全市每千人托位2.64个,低于这一水平的区(市)县达60%,有的区(市)县这一指标还不足1个,如崇州、金堂、蒲江、青白江、东部新区等。若按目前编制的"一老一小"整体解决方案,全市每千人托位基本目标是6.5个、奋斗目标是8个,托位缺口较大,分别为7.94万个、11.7万个。从养老资源供给来看,成都常住老年人口口径下的千人床位数2020年只有33.7张(见表4-2),若想2025年达到每千名老人养老床位45张,那缺口就有4.26万张。

表4-2　　　　　　　"十三五"时期历年成都养老资源状况

项目\年份	2010	2015	2016	2017	2018	2019	2020
养老机构数(家)	195	309	477	480	520	546	552
床位数(万家)	3.56	8.92	11.25	11.4	12.31	12.5	12.7
比上年新增床位数(万张)	—	—	2.33	0.15	0.91	0.20	0.20
户籍老年人口千人床位数(张)	17.580	34.3	37.6	38	39.1	39.6	40.3
常住老年人口千人床位数(张)	17.575	—	—	—	—	—	33.7

人口分布方面,"七普"数据显示,成都人口布局出现了城市新区人口比重显著提升、中心城区和郊区新城占比逐步下降的"一

升两降"趋势,十年来城市新区人口增量占全市人口增量的80%,其常住人口占全市人口比例由十年前的34%增长至46%,而中心城区、郊区新城分别从31%降至27%、35%降至27%。未来,城市新区仍是新增人口的主要承载区域,但公共服务设施布局却最为薄弱,城市新区无论是医院数量、医疗机构床位数量还是小学数量均比不上中心城区和郊区新城,医院至少要少几十家,床位至少要少几千张,小学至少要少十多所(见表4-3)。

表4-3　2020年成都医院、医疗床位、小学数量区域分布状况

	医院、卫生院（家）	医疗机构床位数（张）	小学数（所）
中心城区	290	67789	212
城市新区	236	38330	191
郊区新城	343	45757	208

二　公共服务非均衡发展带来的结构性失衡

就教育服务来看,特别是义务教育来看,结构性区域供给失衡明显,小学区域供给失衡程度由高到低呈现中心城区＞郊区新城＞城市新区的特点。中心城区,除成华区外,小学在校生数均大于6—11岁常住人口数,换言之,该区域的小学因具有优质的教育资源,吸引了非本区域约2.3万的学生在该区域入读小学。与中心城区情况相反,城市新区和郊区新城,除新津外,小学在校生数均小于或等于6—11岁常住人口数,换言之,该区域可能因父母外出务工、子女随迁或单纯为追求更好的教育质量等原因,出现义务教育适龄儿童在区域之外求学的情况,且城市新区"流出"情况更多,约有2.5万的6—11岁常住人口未在本区域就读小学。此外,成都

市社会科学院课题组的一项调查发现,青羊区、锦江区、金牛区等中心城区小学班额超45人,甚至50人的情况不在少数。简言之,中心城区优质小学集中,需求大于供给,"大班"现象突出;其他区域优质小学相对稀缺,生源流出现象比较明显(见图4-2)。

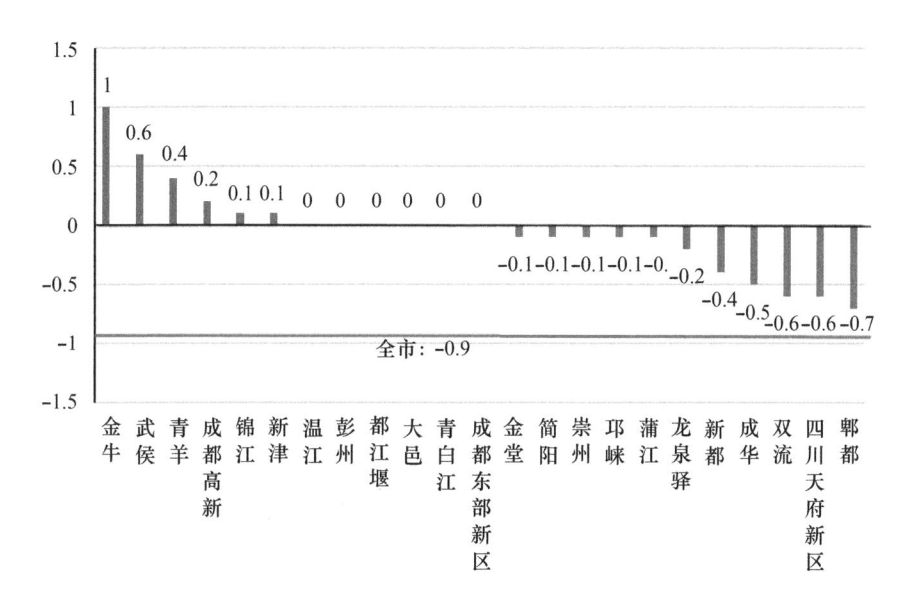

图4-2 成都各区(市)县小学在校生数与当地6—11岁常住人口数的差值(单位:万人)

就医疗服务来看,各区(市)县千人卫生技术人员差距相当大,总体呈现中心城区＞郊区新城＞城市新区的特点。卫生技术人员高度集中在中心城区,全市每千人卫生技术人员9.3人,青羊区高达26.92人,武侯区22.7人,分别是全市水平的2.89倍、2.4倍;郊区新城除简阳、都江堰稍高于全市9.3人的水平外,其余均在6—8人;城市新区中没有超过全市9.3人水平的区域,温江、青白江、新津刚过7人,东部新区和天府新区分别只有3.68人和2.77人,比全市的9.3人分别少5.62人、6.53人,比排名第一的青羊区(26.92人)分别少23.24人和24.15人(见图4-3)。

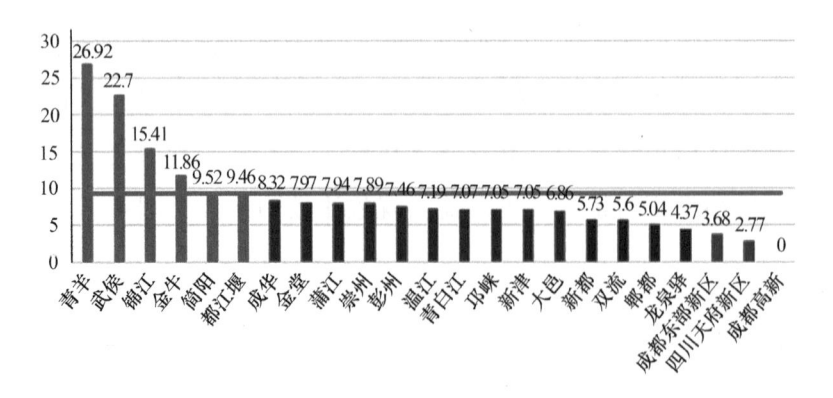

图4-3 成都各区（市）县每千人卫生技术人员（单位：个）

就养老服务硬件设施来看，千名老人床位区域供给差异明显，供给力度由强至弱，呈现为郊区新城＞城市新区＞中心城区。郊区新城中养老供给床位超过全市千名老人养老床位33.7张的有5个市县，占郊区新城的66.67%，仅蒲江和都江堰供给较弱，分别为19.2张和24.8张；城市新区超过全市33.7张水平的有4个区，占比44.44%，仅天府新区和新都区较少，均为26.4张，双流、郫都、龙泉驿则在32张左右，与全市33.7张相差无几；传统城区中仅武侯区以36.2张稍高于全市33.7张，其余城区均在全市水平之下，青羊仅21.1张（见图4-4）。

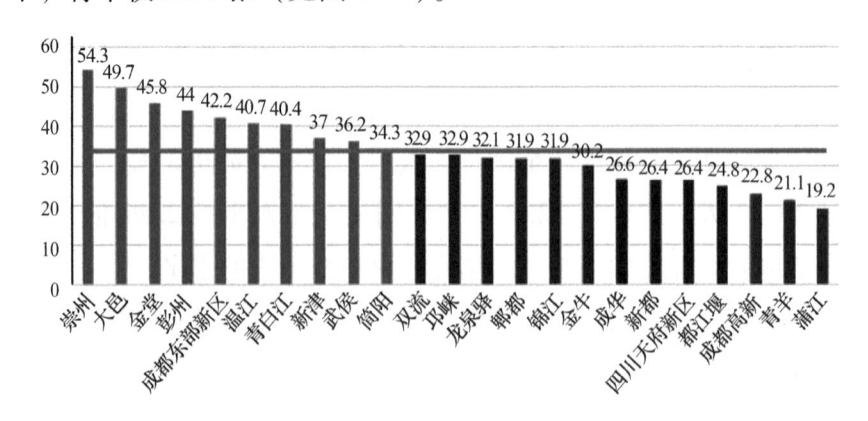

图4-4 成都各区（市）县每千名老人养老床位（单位：张）

三 市民迫切向往美好生活带来的服务提质压力

人民群众追求物质、精神生活双重提升，对公共服务从"有没有"向"好不好"转变、从"保基本兜底服务"向"全生命周期服务"转型，更加迫切期盼优质化、个性化、多样化的高品质公共服务供给。市民渴望优质教育，但全市一级幼儿园[①]仅占幼儿园总数[②]的9.12%[③]，23个区（市）县中只有4个被教育部列为义务教育优质均衡先行创建县[④]，全市普通高中招生占高中阶段总招生数的比例为64%[⑤]，低于北京的69.1%[⑥]和上海的73.4%[⑦]，全市22所特殊教育学校校舍面积达到国家标准的仅有2所，缺口达13.63万平方米。[⑧] 市民渴望优质医疗，但作为成都市医疗卫生服务体系主要力量的市级公立医院，其发展规模、诊疗水平和服务能力与广大市民对高质量医疗服务需求不相适应，多年来，虽然有华西、省医院入围复旦大学《中国医院排行榜》，但没有市级公立医院入围，

[①] 成都市高品质幼儿园（包括省示范性幼儿园、市一级幼儿园）数量至2021年达253所。2022年成都市共有69所一级幼儿园，数据来自成都发布《共69所！2022年一级幼儿园上新》，https：//baijiahao.baidu.com/s？id=1751749735524255318&wfr=spider&for=pc。

[②] 2021年成都市共有幼儿园2773所，数据来自成都市教育局官网《2021年成都市教育事业发展统计公报》，http：//edu.chengdu.gov.cn/cdedu/c112994/2022-06/06/content_ed1546437fa0436d814801589bc57e92.shtml。

[③] 253所一级幼儿园占2773所幼儿园总数的9.12%。

[④] 江芸涵：《教育部公布义务教育优质均衡先行创建县名单，四川6地入选》，四川在线，https：//sichuan.scol.com.cn/ggxw/202204/58507916.html。

[⑤] 人民融媒体：《扩招1.1万！2022年成都市普高招生计划公布》，https：//baijiahao.baidu.com/s？id=1734585583227808105&wfr=spider&for=pc。

[⑥] 2022年普通高中招生规模7.4万人左右，中等职业教育招生规模3.3万人左右。招生规模数据来自北京市人民政府网《北京市教育委员会关于做好2022年高级中等学校考试招生工作的意见》（京教计〔2022〕9号），https：//www.beijing.gov.cn/zhengce/zhengcefagui/202203/t20220322_2635841.html。

[⑦] 上海育路教育网：《2022年上海市11万中考学生升学走向数据整理》，https：//baijiahao.baidu.com/s？id=1744110088206580003&wfr=spider&for=pc。

[⑧] 何方迪：《教育路上一个都不能少 成都市启动特殊教育专项提升工程》，封面新闻，https：//baijiahao.baidu.com/s？id=1663574608590340337&wfr=spider&for=pc。

"十三五"时期虽然有医院跻身单项或区域排名,但市级公立医院实力不强、质量不优,高品质医疗服务供给不足,临床专科能力建设力度不足的问题非常突出,需要大力推进市级公立医院的高质量发展,让市级公立医院在满足市民高质量医疗服务需求方面有更大作为。市民渴望优质养老,新进入老年期的老年人在经历、教育、经济收入、权益意识和能动性等方面表现出新的特征[①],他们对养老的需求品质也在不断提升,已跨越了生存型,正在向发展型转变,养老服务需求呈现多层次、多样化特征,而成都又是一个非常宜居、养老吸引力很强的城市,如此一来,伴随人均寿命水平的不断提高,高龄及身体机能逐步丧失的老年人必定会不断增多,据预测,2025年成都65岁及以上老年人口将达到362.3万,较2020年增加63.2万人,占比19.99%[②],进入超龄老龄化,对高质量养老服务的需求必定越来越大。市民渴望种类多样的体育设施,但目前全市体育设施种类较为单一,已建成的1.7万余处社区公共体育设施中超过46%点位为全民健身路径(器械),67.1%的受访市民认为身边体育设施不能满足日常锻炼需求,超过71.6%的市民希望增设各类球场,22.5%的市民希望增设泳池。此外,市民期盼文化生活水平越来越高的心理诉求日益强烈,对更加丰富的文化产品和服务的需求也日益强烈。综上所述,成都需要稳步持续地提高公共服务供给水平,让成都市民拥有更多获得感和幸福感,积极回应市民群众对城市美好生活的新期待。

---

① 《成都市"十四五"养老服务业发展规划》,成都市人民政府网,http://gk.chengdu.gov.cn/uploadfiles/07080214050201/20211222210523142.pdf。

② 老年人口预测来自《成都市"十四五"养老服务业发展规划》。

第 五 章

成都公共服务改革的政策依据和目标方向

为民造福是立党为公、执政为民的本质要求。习近平总书记反复强调，"江山就是人民、人民就是江山，打江山、守江山，守的是人民的心"①。党的二十大报告指出，"必须坚持在发展中保障和改善民生，鼓励共同奋斗创造美好生活，不断实现人民对美好生活的向往"，为中国当前及今后一段时间公共服务政策改革和构建现代公共服务体系建设提供了基本遵循，也是各地践行初心、担当使命的重要路径举措。进入新时代以来，在中央关于"保障和改善民生"精神的指导下，国家相关部委出台完善了公共服务领域的相关政策法规，确立了今后中国公共服务发展的目标和路径举措。成都深化公共服务政策改革应围绕贯彻落实中央精神、国家发展战略和上位政策法规，服务城市发展需要，结合当前发展实际，科学确立改革发展目标方向。

---

① 《习近平谈治国理政》第4卷，外文出版社2022年版，第6、63页。

第一节　国家、省、市公共服务政策体系要求

党的二十大报告提出公共服务发展目标是要增进民生福祉，提高人民生活品质，并从完善分配制度、实施就业优先战略、健全社会保障体系和推进健康中国建设四个方面作了关于公共服务体系建设的安排部署[①]，与党的十九大及十九届中央历次全会的相关决定，以及中国"十四五"公共服务发展总规、专规及相关配套制度具有较好的连贯衔接性。

一　党和国家政策法规指导公共服务发展

党的二十大报告用专章来阐释公共服务政策理念，即第九章"增进民生福祉，提高人民生活品质"[②]，表明公共服务政策体系更加完整成熟；与之相比，党的十九大报告则将公共服务和社会治理两部分内容合为一章，即第八章"提高保障和改善民生水平，加强和创新社会治理"。如果我们将公共服务限定为民生服务领域，两个报告的上述章节基本包括了不同时期党的公共服务政策核心内容，呈现如下特征。一是在公共服务体系发展原则方面，除了一以贯之坚持人民立场外，党的十九大报告强调持续渐进地干，党的二十大报告则落脚到着力解决群众"急难愁盼"问题。二是在完善公共服务体系的总体要求方面，党的十九大报告提出在保基本的同时

[①] 习近平：《高举中国特色社会主义伟大旗帜　为全面建设社会主义现代化国家而团结奋斗——在中国共产党第二十次全国代表大会上的报告》，党建读物出版社2022年版，第11、35—37页。

[②] 习近平：《高举中国特色社会主义伟大旗帜　为全面建设社会主义现代化国家而团结奋斗——在中国共产党第二十次全国代表大会上的报告》，党建读物出版社2022年版，第11、35页。

要不断满足多元服务需求，落脚到增强人民群众的获得感、幸福感和安全感，党的二十大报告则强调增强均衡性和可及性，落脚到推进共同富裕。三是具有鲜明的时代特征，党的十九大报告中民生服务板块特别强调了打赢脱贫攻坚战，党的二十大报告则更加注重收入分配和推进共同富裕，表明立足全面建成小康社会、在迈向第二个百年奋斗目标的新征程上，促进共同富裕成为民生服务的重要目标。四是篇章结构方面的特征，无一例外，两份报告中公共文化服务的内容都安排在了文化自信部分；党的二十大报告将实施科教兴国战略独立成章，其中一个重要内容便是要办好人民满意的教育，因此民生服务板块不包括教育服务相关内容。

《中华人民共和国国民经济和社会发展第十四个五年规划和2035年远景目标纲要》（以下简称《纲要》）确立了"十四五"和中长期公共服务发展目标、主要内容和举措。《纲要》提出要健全基本公共服务体系，加强普惠性、基础性、兜底性民生建设，完善共建共治共享的社会治理制度，制定促进共同富裕行动纲要，自觉主动缩小地区、城乡和收入差距，让发展成果更多更公平惠及全体人民，不断增强人民群众获得感、幸福感、安全感。[①]《纲要》文本中公共服务内容主要集中在第十三篇和第十四篇。其中，第十三篇主要围绕提升公民素质、促进人的全面发展展开，包括建设高质量教育体系、推进健康中国建设、实施积极应对人口老龄化国家战略等；第十四篇则聚焦增进民生福祉和共建共治共享，包括健全国家公共服务制度体系，实施就业优先战略，优化收入分配结构，健全多层次社会保障体系，保障妇女、未成年人和残疾人基本权益

---

① 《中华人民共和国国民经济和社会发展第十四个五年规划和2035年远景目标纲要》，中国政府网，https://www.gov.cn/xinwen/2021-03/13/content_5592681.htm?eqid=91387bc80000153d000000066487202c。

等。另外,《纲要》第七篇包括巩固拓展脱贫攻坚成果同乡村振兴有效衔接,第八篇涉及农业转移人口市民化和提升城市品质,第十篇阐述了提升公共文化服务水平。《纲要》是指导中国中长期经济社会发展的总体规划,也是各地健全公共服务制度体系,发展高品质公共服务的重要依据。

国家《"十四五"公共服务规划》系统谋划了"十四五"时期中国公共服务发展蓝图。为贯彻落实《中华人民共和国国民经济和社会发展第十四个五年规划和2035年远景目标纲要》,国家发展改革委联合20个部委于2021年12月印发了《"十四五"公共服务规划》,按照幼有所育、学有所教、劳有所得、病有所医、老有所养、住有所居、弱有所扶、优军服务和文体服务目标,分别确立了基本公共服务、普惠性非基本公共服务和品质生活服务三大类发展目标、重点领域和政策举措(见表5-1),为"十四五"时期多层次公共服务发展指明了方向。[①] 享受基本公共服务是公民权利和政府职责,"十四五"时期要通过基本公共服务标准体系建设,补齐教育、医疗、住房等基本公共服务短板和提升均等化水平等举措,促进全民公平可及享受均等化基本公共服务。着眼于解决群众反映较强烈、供需矛盾较突出的公共服务短板领域,支持和引导社会力量加强"一老一小"、教育医疗和住房保障等服务供给,让广大人民群众能够享受品质优、价格合理的普惠性非基本公共服务。积极回应人民群众对美好生活的向往而产生的多元化、个性化服务需求,培育壮大市场主体力量,推进医疗、养老、文旅和体育等行业创新融合发展,增强标准化、品牌化、现代化生活服务供给能力,促进公共服务提档升级。

---

① 《关于印发〈"十四五"公共服务规划〉的通知》,中国政府网,https://www.gov.cn/zhengce/zhengceku/2022-01/10/content_5667482.htm。

表 5-1 "十四五"公共服务规划要点

基本公共服务	基本公共服务标准体系建设	完善基本公共服务标准体系，推动基本公共服务达标，开展重点领域基本公共服务标准化工程，基本公共服务标准动态调整常态化、制度化
	补齐基本公共服务短板	义务教育、就业社保、医疗卫生、养老服务、住房保障、文化体育、社会服务
	提升基本公共服务均等化水平	缩小区域基本公共服务差距，加快城乡基本公共服务制度统筹，优化基本公共服务对象认定制度
普惠性非基本公共服务	重点领域非基本公共服务扩容	发展普惠托幼服务、推动学前教育普及普惠，加强县域普通高中建设，发展普惠型养老服务，均衡发展优质医疗服务，改善住房条件
	推动非基本公共服务普惠化发展	降低服务成本，促进价格普惠，加强质量监管
品质生活服务	重点行业创新融合发展	医疗卫生服务提质增效，养老服务高质量发展，文化旅游融合发展，智慧广电创新发展，体育服务加快发展，家政服务提质扩容
	生活服务品牌化、标准化建设	加强服务品牌培育，强化服务标准建设
提升公共服务效能		统筹规划公共服务设施布局，构建公共服务多元供给格局，提高公共服务便利共享水平，健全公共服务要素保障体系，强化国家战略能力

资料来源：相关内容摘自《"十四五"公共服务规划》。

二 国家战略对公共服务发展提出明确要求

成渝双城经济圈建设等国家战略规划对成都公共服务发展提出了新要求，也带来了新机遇。2021年10月，中共中央、国务院印发《成渝地区双城经济圈建设规划纲要》，明确提出把成渝地区双城经济圈建设成为具有全国影响力的重要经济中心、科技创新中心、改革开放新高地、高品质生活宜居地的战略定位。[①]其中，建设高品质生活宜居地就是成渝双城经济圈的公共服务体系建设目标，可以分解为以下几个方面：一是筑牢生态屏障，在生态保护中发挥示范引领作用；二是社会事业共建共享；三是打造世界级休闲旅游胜地和城乡融合发展样板区；四是建设和谐宜居的高品质城市群。《纲要》中与狭义公共服务相关的内容主要体现在"共同推动城乡融合发展"和"强化公共服务共建共享"两个章节。城乡融合发展的关键是城乡公共资源均衡配置，具体要求包括城乡一体规划、基础设施一体化、基本公共服务均等化和完善城乡基层治理体系等。公共服务共建共享，强调要以更好满足人民群众美好生活需要为目标，扩大民生保障覆盖面，提升公共服务质量和水平，重点从推进基本公共服务标准化便捷化、共享教育文体资源、卫生医疗和养老服务合作、健全应急联动机制等方面对成、渝两地共享公共服务作了规划部署。《纲要》不但对城乡基本公共服务体系发展作了安排部署，更重要的是绘就了成、渝两地共建共享高水平公共服务体系的发展蓝图，成都作为成渝双城经济圈的极核城市，承担着引领和带动成渝地区现代公共服务高品质发展的示范作用和促进区域公共服务合作共建共享的牵引作用。

建设公园城市示范区赋予了成都探索构建体现新发展理念的现代城市公共服务体系使命。国务院于2022年3月批复印发的《成都建设践行新发展理念的公园城市示范区总体方案》（以下简称《方案》）确立了建设城市人民宜居宜业的示范区定位，制定了

---

① 《中共中央　国务院印发〈成渝地区双城经济圈建设规划纲要〉》，中国政府网，https://www.gov.cn/zhengce/2021-10/21/content_5643875.htm。

2025年和2035年城市公共服务发展目标。① 在任务举措方面，提出"创造宜居美好生活，增进公园城市民生福祉"，重点从推进农业转移人口市民化、推行绿色低碳生活方式、增强养老托育服务能力、提供优质医疗教育服务、完善住房保障体系、建设品质化现代社区、提升文化旅游魅力等方面绘制了高品质生活城市建设，推动公共资源科学配置和公共服务普惠共享的美好蓝图。《方案》采用发展任务和建设行动的方式，部署了包括绿色生活、养老育幼、住房保障、社区服务、文化旅游在内的宜居生活创建行动，将公共服务各领域发展任务与牵头国家部委联系起来，有利于更好争取国家部委支持，提高了《方案》的实施权威性和可行性。

《成都都市圈发展规划》确立了成、德、眉、资四地基本公共服务同城同标发展方向和任务。由国家发改委批复同意、四川省人民政府2021年11月印发的《成都都市圈发展规划》确立了要实现基本公共服务同城同标的原则，制定了优质公共服务供给能力、教育、医疗卫生、公共文化和社会保障等核心指标和服务水平等方面的目标。《成都都市圈发展规划》明确提出促进公共服务便利共享，强调解决群众关切问题，突出均衡、便捷、人文、品质导向，推动基本公共服务覆盖全部常住人口，整体提升优质公共服务水平，共同打造城乡融合的优质生活圈；大的任务举措包括推动教育同城化发展，共建共享优质医疗卫生资源，共促文化体育事业发展，强化社会保障服务对接和协同开展社会治理等。② 实现成都都市圈公共服务便利共享是成渝双城经济圈建设高品质宜居生活地的重要基础，要求成、德、眉、资四地以新发展理念为指导，以成都市为中

---

① 《关于印发成都建设践行新发展理念的公园城市示范区总体方案的通知》，中国政府网，https://www.gov.cn/zhengce/zhengceku/2022-03/17/content_5679468.htm。
② 《四川省人民政府关于印发〈成都都市圈发展规划〉的通知》，四川省人民政府官网，https://www.sc.gov.cn/10462/zfwjts/2021/11/29/40678782564141e68f4d1d27180befb9.shtml。

心促进共建共享，推动基本公共服务全面提质增效，为构建现代产业体系和聚集高素质人力资源奠定基础。

三 国家公共服务相关法规制度

党中央和国务院通过制定发展战略和发展规划，鼓励引导和规范特定领域公共服务发展，如国家医疗卫生、养老托育、教育事业、就业社保、公共文化等专项发展规划和建设方案，明确了相关领域公共服务发展方向及任务举措。

（一）贯彻落实健康中国战略，建设优质高效医疗卫生服务体系

党的十八大以来，党和国家把人民健康放在优先发展位置，并实施了健康中国战略。2016年10月，中共中央、国务院印发《"健康中国2030"规划纲要》（以下简称《纲要》），确立了2030年发展目标，即促进全民健康的制度体系更加完善，健康领域发展更加协调，健康生活方式得到普及，健康服务质量和健康保障水平不断提高，健康产业繁荣发展，基本实现健康公平，主要健康指标进入高收入国家行列。[1]《纲要》从总体战略、普及健康生活、优化健康服务、完善健康保障、建设健康环境、发展健康产业、健全支撑与保障等方面规划了健康中国的目标与路径。[2] 2021年7月发布的《"十四五"优质高效医疗卫生服务体系建设实施方案》是对《纲要》的进一步落实，提出加快提高卫生健康供给质量和服务水平，更加注重早期预防和医防协同、优质扩容和深度下沉、质量提升和均衡布局、中西医并重和优势互补，集中力量解决一批全国

---

[1]《中共中央 国务院印发〈"健康中国2030"规划纲要〉》，中国政府网，https://www.gov.cn/zhengce/2016-10/25/content_5124174.htm。

[2]《"健康中国2030"规划纲要—大健康上升为国家战略！直销趋势来了，谁也挡不住！》，https://www.sohu.com/a/399817333_99933870。

性、跨区域的大事、急事和难事，为全面推进健康中国建设提供强有力的支撑；"十四五"时期中央投资将重点支持公共卫生防控救治提升能力工程、公立医院高质量发展工程、重点人群健康服务补短板工程、促进中医药传承创新工程，共14个领域的项目建设。[①]医疗卫生服务是保障人民健康的基础性服务，要在提高基本医疗卫生服务水平的情况下，推动优质医疗资源扩容下沉，提高优质医疗卫生服务的可及性。

（二）积极应对人口老龄化，发展普惠托育服务体系

根据国家统计局披露数据，2023年底，中国60岁以上老年人口2.967亿人，占总人口的21.1%；65岁以上人口2.167亿人，占总人口的15.4%；老年人口规模和比例都有不同程度的增加，老龄化程度不断加深。应对人口老龄化事关经济社会发展全局，党的十八大以来，习近平总书记高度重视老龄化问题，多次对积极应对人口老龄化做出重要指示批示，2019年中共中央、国务院印发《国家积极应对人口老龄化中长期规划》，将应对人口老龄化上升为国家战略，为中国中长期应对人口老龄化提供了基本遵循。"十四五"时期是中国应对人口老龄化的重要时期，要求人口老龄化制度框架基本成型，其中2021年国务院印发的《"十四五"国家老龄事业发展和养老服务体系规划》是引导老龄事业和产业发展的综合性文件，提出了包括养老服务供给、老年健康支撑体系、为老服务业态发展、要素保障能力、社会环境适老宜居等五大建设目标和九项量化指标要求。围绕推动养老服务体系高质量发展，规划从强保障、兜底线、扩普惠、强居家社区和重健康支撑等方面提出了具体路径措施；围绕推动老龄事业和产业协同发展，制定了包括发展银发经

---

① 《关于印发〈"十四五"优质高效医疗卫生服务体系建设实施方案〉的通知》，https：//www.ndrc.gov.cn/xwdt/tzgg/202107/t20210701_1285213.html。

济、践行积极老龄观、营造老龄友好型社会环境、增强发展要素支撑等制度举措。① 作为一个纲领性文件，该规划的出台为中国遭遇和应对大规模的快速人口老龄化提供了制度保障，有利于健全老龄事业和产业发展体制机制。养老和托育往往作为一个整体出现在相关政策中，如《国务院办公厅关于促进养老托育服务健康发展的意见》（国办发〔2020〕52号）从健全政策体系、促进多方参与、多种方式供给和完善发展环境等方面对养老托育服务发展作了部署，还确定了重点任务和责任单位。② 2021年出台的《"十四五"积极应对人口老龄化工程和托育建设实施方案》制定了基础设施标准化建设、养老服务体系和普惠托育体系构建、不同层次养老托育服务水平等领域发展目标，设计了建设任务和标准，细化了建设任务、标准和遴选要求，并就资金安排和创新机制等作了详细规定。③ "十四五"时期，中国更加注重以"一老一小"为切入口来优化人口政策，人口老龄化加剧将会带来人口抚养比上升，进而影响人们的生育意愿，提高养老托育水平，特别是强化兜底性和普惠性养老托育服务将有利于降低养老托育成本，对于激发生育意愿和促进经济社会健康发展有积极作用。

（三）贯彻落实教育强国工程，提高教育均等化水平

教育是国家和社会培养合格人才，个人和家庭实现阶层跃升的必要途径，进而成为人民群众最关心的公共服务领域之一，关系到每个家庭和整个国家与民族的未来。2019年中共中央、国务院印发的《中国教育现代化2035》制定了教育现代化的目标和战略任务，

---

① 《国务院关于印发〈"十四五"国家老龄事业发展和养老服务体系规划〉的通知》，中国政府网，https://www.gov.cn/zhengce/content/2022-02/21/content_5674844.htm。

② 《国务院办公厅关于促进养老托育服务健康发展的意见》，中国政府网，https://www.gov.cn/zhengce/content/2020-12/31/content_5575804.htm。

③ 《关于印发〈"十四五"积极应对人口老龄化工程和托育建设实施方案〉的通知》，中国政府网，https://www.gov.cn/zhengce/zhengceku/2021-06/25/content_5620868.htm。

是当前和今后相当长一段时间中国教育发展的纲领性文件。2021年出台的《"十四五"时期教育强国推进工程实施方案》围绕基础教育、职业教育、高等教育三大板块，聚焦关键领域和关键任务，推动重大项目建设。① 一是巩固基础教育脱贫攻坚成果，集中支持连片特困地区县和扶贫开发工作重点县，以义务教育和学前教育为重点，扩大学位供给，提高学前教育入学率和义务教育巩固率，促进教育均衡发展，阻断贫困代际传递；二是职业教育产教融合，在全国范围内集中支持一批优质职业院校、应用型本科高校建设一批高水平、专业化产教融合实训基地；三是高等教育内涵发展，加快"双一流"建设和急需领域学科专业建设，提升高等教育对区域经济社会发展的支撑引领能力，支持医学院校和师范院校建设等。② 实施方案从宏观角度对不同层次教育发展中的重大项目实施作了安排部署，是"十四五"时期中国推进教育现代化的重要制度保障。对于地方政府而言，履行教育服务职能更多体现在发展学前教育、义务教育和职业教育，基础教育应通过教育资源优化配置，提高教育均等化水平，满足广大人民群众对优质教育资源的需求；职业教育则可围绕地方产业发展需求配置资源，为产业发展提供高素质产业人才队伍。

(四)促进高质量充分就业，完善社保公共服务体系

人才竞争是不同层级和不同领域之间竞争的根本因素，因此人力资源的培育发展特别重要，要千方百计提高人口整体素养，健全现代产业体系，促进经济繁荣和充分就业，实现人尽其才，完善收入分配制度和社会保障体系，构建人力资源和经济社会发展相向同

---

① 《关于印发〈"十四五"时期教育强国推进工程实施方案〉的通知》，http://www.moe.gov.cn/jyb_xxgk/moe_1777/moe_1779/202109/t20210930_568460.html。
② 《国家发展改革委、教育部、人力资源社会保障部启动实施教育强国推进工程》，2021年5月18日，https://www.ndrc.gov.cn/fzggw/jgsj/zys/sjdt/202105/t20210525_1280685.html。

步的良性发展格局。《人力资源和社会保障事业发展"十四五"规划》明确"十四五"时期应实现更加充分更高质量就业、多层次社会保障体系更加健全、技术技能人才队伍素质不断提升、工资收入分配制度更加完善、劳动关系更加和谐、人社公共服务体系更加完善等发展目标，并在上述每个领域分别提出了若干发展路径措施、具体行动方案和计划。[①] 就业被誉为"最大的民生工程"，稳就业历来是各届政府的基本政策，高质量就业连接着千家万户的温暖幸福和经济社会发展大局。《"十四五"就业促进规划》明确了"十四五"时期就业促进的原则和目标，并提出七项重点任务。一是坚持经济发展就业导向，不断扩大就业容量；二是强化创业带动作用，放大就业倍增效应；三是完善重点群体就业支持体系，增强就业保障能力；四是提升劳动者技能素质，缓解结构性就业矛盾；五是推进人力资源市场体系建设，健全公共就业服务体系；六是优化劳动者就业环境，提升劳动者收入和权益保障水平；七是妥善应对潜在影响，防范化解规模性失业风险。[②] 稳定的就业和合理的收入水平是社会长治久安的"压舱石"，上述七项任务有利于营造完善的就业环境，从不同方面最大限度保障和促进就业，为地方政府开展就业工作提供了强有力的政策支撑。

(五) 完善公共文化服务体系，提高文体服务水平

根据马斯洛需求层次理论，在生理需要和安全需要等低层次需要得到满足的情况下，实现归宿与爱、尊重和自我实现等高层次需要就显得尤为强烈。全面建成小康社会意味着中国人民的低层次需要能得到正常满足，高层次需要成为社会大众的显性需求，例如人

[①] 《人力资源社会保障部关于印发〈人力资源和社会保障事业发展"十四五"规划〉的通知》，http://www.mohrss.gov.cn/SYrlzyhshbzb/zwgk/ghcw/ghjh/202107/t20210702_417552.html。

[②] 《国务院关于印发〈"十四五"就业促进规划〉的通知》，中国政府网，https://www.gov.cn/zhengce/zhengceku/2021-08/27/content_5633714.htm。

们对精神文化生活的追求比以往更强烈。进而言之，进入新时代，满足人民日益增长的美好生活需要成为解决社会主要矛盾的重要途径，完善公共文化服务体系、提高公共文化服务水平就是其中的应有之义。《"十四五"公共文化服务体系建设规划》确立了公共文化服务布局更加均衡、服务水平显著提高、供给方式更加多元、数字化网络化智能化发展取得新突破的目标，要求实施城乡公共文化服务体系一体化建设、以人为中心的图书馆建设、繁荣群众文艺、增强服务实效、社会化公共文化服务发展、公共文化服务智能化发展、公共文化服务区域均衡发展等七大任务。[1] 构建全民健身公共服务体系是实施全民健身国家战略和加快建设体育强国的重要基础。《"十四五"时期全民健身设施补短板工程实施方案》要求按照科学布局、突出重点、多方参与和加强监管的原则推进体育公园、全民健身中心、标准田径跑道和足球场地、社会足球场、健身步道和户外运动公共服务设施建设，确保到"十四五"期末形成供给丰富、布局合理、功能完善的健身设施网络。[2] 可以发现，在新发展理念的指导下，各地积极回应广大人民群众对健身设施的需求，构建了可参与、可进入的公共文体健身场景，极大增强了群众的获得感和幸福感。

四 关于国家公共服务政策体系的简要述评

通过对当前中国公共服务政策的梳理，可将现行国家层面公共服务制度大致分为以下几类。一是党中央关于规范和促进公共服务发展的系列文件精神，如党的二十大报告对公共服务发展的相关表

---

[1] 《文化和旅游部关于印发〈"十四五"公共文化服务体系建设规划〉的通知》，https://zwgk.mct.gov.cn/zfxxgkml/ggfw/202106/t20210623_925879.htm。

[2] 《关于印发〈"十四五"时期全民健身设施补短板工程实施方案〉的通知》（发改社会〔2021〕555号），https://www.ndrc.gov.cn/xxgk/zcfb/tz/202104/t20210427_1277520.html。

述，这些制度文件相对比较宏观，主要是对某个领域的原则性、目标性和方向性规定。二是国家部委为了贯彻落实中央精神而出台的各类规划和相关配套制度，如国家"十四五"公共服务规划和各领域专项规划及配套制度，是对公共服务发展的系统规划设计，有目标、标准、实施举措和具体项目等。三是对承担国家发展战略的区域性和地方性发展规划中关于公共服务体系和能力的建设规划，如《成渝地区双城经济圈建设规划纲要》确立两地建设高品质生活宜居地目标，《成都建设践行新发展理念的公园城市示范区总体方案》确立成都建设城市人民宜居宜业的示范区定位，虽然这只是对某个地区或城市的公共服务发展规划，但因其承担的国家战略使命，赋予了这类规划具有国家试点示范作用，有较强示范引领性。对于地方政府而言，首先是充分贯彻落实中央精神和国家宏观规划政策，同时要立足地方发展实际，大胆推进实践创新，为宏观层面制度改革贡献地方探索经验。成都正处于国家战略使命多重机遇叠加期，应在全面贯彻落实中央精神、国家公共服务规划及相关专项规划和配套制度的基础上，积极履行成渝双城经济圈建设和建设公园城市示范区等国家战略使命，推进公共服务体制机制改革，进一步完善服务体系、提高服务水平，为促进城市空间结构优化调整和促进高质量发展奠定坚实基础。

第二节 成都公共服务改革发展背景

以推动公共服务供给侧结构性改革为主线，准确把握城市发展、人口空间分布趋势，推进公共服务领域、公共服务资源精准配置、公共服务供给体制机制、区域间公共服务共建共享等方面的创新，不断满足广大人民群众的美好生活需要，促进共同富裕迈出坚实步伐。

一 公共服务发展要服务于城市发展定位

2022年4月成都市召开的第十四次党代会要求以建设践行新发展理念的公园城市示范区为统领，推动高质量发展、创造高品质生活、实施高效能治理，全面提升极核主干能级和辐射带动作用，唱好"双城记"、建强"都市圈"、提质"幸福城"。确立了今后五年工作的总体目标是全面建设践行新发展理念的公园城市示范区，奋力打造中国西部具有全球影响力和美誉度的现代化国际大都市。[①] 在公共服务领域，明确提出幸福成都品质得到新提升，超大城市治理达到新水平等战略路径，为接下来的公共服务政策改革提出了新要求。全面建设践行新发展理念的公园城市示范区，成都肩负着探索城市现代化建设国家试点示范的时代使命，这就要求成都大胆探索公共服务体系改革，发挥公共服务在促进超大特大城市实现高质量发展、高品质生活、高效能治理方面的积极作用。2023年7月，成都市委十四届三次全会就保障和改善民生、推进幸福美好生活十大工程、抓好民生实事等作了要求。2023年12月，成都市委十四届四次全会通过并发布的《中共成都市委关于加快推进超大城市城乡融合高质量发展的决定》，强调从规划编制、城市空间形态、基础设施规划布局和优质公共服务资源配置等方面推进城乡一体发展格局，[②] 对城乡公共服务均等化发展产生积极推动作用。

成都作为成渝地区双城经济圈的重要极核城市，担负着引领区域发展的使命。通过建强成德眉资都市圈，发挥四川省主干城市效

---

① 施小琳:《牢记嘱托 踔厉奋发 全面建设践行新发展理念的公园城市示范区——在中国共产党成都市第十四次代表大会上的报告》，搜狐网，https：//www.sohu.com/a/545115179_154968。

② 《加快推进超大城市城乡融合高质量发展！成都将推进"七个融合"》，https：//static.cdsb.com/micropub/Articles/202312/4b757d18a571e3248a145c7f2fc9d222.html。

应，助推成渝双城经济圈建设。这就决定了成都公共服务改革发展首要任务是服务推动成德眉资同城化发展战略，以公共服务共享助力成都都市圈建设，以优质公共服务体系助力全省主干向成都都市圈拓展。快速推进基础设施同城同网，构建完善的高快速路网，推动铁路公交化改造提质，共筑轨道上的都市圈。打通行政边界带来的制度障碍，促进教育同城共享、医疗均质发展、社保无缝对接、政务服务事项通办。在具备条件的郊区新城规划建设一批服务德眉资及成都平原经济区的优质教育医疗公共设施，提升郊区新城的人口聚集和辐射带动力。推进成渝地区双城经济圈建设，根据共建高品质生活宜居地的部署要求，实施双城经济圈便捷生活行动，在区域医疗中心建设、巴蜀旅游走廊和国际消费目的地打造方面协同合作。

二 公共服务供给要服务于城市空间结构优化调整

2021年12月底召开的中共成都市十三届十次全会强调要以"双碳"目标为引领促进城市绿色低碳发展，推动空间结构优化调整，以城市功能为导向优化空间、配置资源，推动城市内涵发展、区域差异发展、城乡融合发展。2022年4月，成都市第十四次党代会按照中心城区、城市新区和郊区新城这一划分标准，提出"三个做优做强"战略部署：一是做优做强中心城区高端要素运筹、国际交流交往、现代服务发展、文化传承创新、时尚消费引领等核心功能，打造具有超大城市国际竞争力影响力的核心功能集聚高地；二是做优做强城市新区创新策源转化、国际门户枢纽、新兴产业集聚等核心功能，进位争先打造超大城市高质量发展的动力引擎和新的增长极；三是做优做强郊区新城生态价值转化、促进乡村全面振兴、公园城市乡村表达等核心功能，打造超大城市持续健康发展的重要战略支撑，实现各区域基本功能就近满足、优质均衡，核心功能各展其长、互为支撑，共同推动城市功能整体跃升。①"三个做优做强"是针对成都从中心向外扩展的"摊大饼"式发展现状，通过突出功能导向实施的差异化发展举措，推动形成网络化、组团式发展格局，促进全域均衡协调发展。这不但能够缓解单中心或聚集化发展带来的大城市病问题，而且有利于解决行政区划分割带来的公共服务壁垒问题，有助于让不同区域的城乡市民都能够便捷享受到基本均等的公共服务。当然，城市空间结构优化调整是一个长期的过程，而公共服务资源布局则在其中扮演着排头尖兵的角色，也就是说，公共服务政策改革的目标是更好服务于城市空间优化结构调整。

公共资源配置要满足城市空间结构调整优化需要。围绕"三个做优做强"，强化城市功能导向，以满足公共服务需求为目标统筹基本功能，充分考虑城市空间结构优化、人口发展、产业转型等因素，紧跟中心城区、城市新区、郊区新城功能定位需求和人民群众美好生活需要；建立与城市功能布局和人口分布导向相适应的公共服务优化调整策略，促进优质均衡、主要服务功能就近满足；重大公共服务设施布局合理、互为支撑，持续增进民生福祉，持续促进幸福城内涵发展。强化市级统筹、区域协作，建立健全人口导向的公共服务资源配置、联动共建共享、差异化评估考核激励等制度机制，调动各方积极性，提高整体公共服务水平。中心城区要通过城市有机更新、老旧小区改造、宜居品质提升、治理效能增强，推动公共服务资源配置与产业转型升级互促互融，服务中心城区全面做优做强高端要素运筹、国际交流交往、现代产业支撑、文创和时尚消费等核心功能需要，满足人口密集民生服务突出需求，健全公共

---

① 《推动"三个做优做强"成都要提升城市整体功能丨未来五年 成都这么干》，搜狐网，https://www.sohu.com/a/541435241_120952561。

服务体系，完善"一刻公共服务圈"，健全社区生活服务设施，发展社区商业，发挥中心城区公共服务辐射带动作用。[1] 城市新区要围绕做优做强创新策源转化、国际门户枢纽、新兴产业聚集等核心功能和发展先进制造业与现代服务业需要，高标准规划布局优质公共服务资源，打造高品质公共服务体系，提高区域竞争力和人才吸引力，满足新区发挥国家赋能重大功能平台作用和高素质人口大规模聚集所带来的民生服务需要。郊区新城要围绕做优做强生态价值转化、全面促进乡村振兴和公园城市乡村表达等核心功能，补齐基础设施和公共服务短板，切实增强公共服务能力，以县城和中心镇为重点，促进以人为核心的新型城镇化；利用好"两项改革"后半篇文章红利，推动公共服务设施城乡一体规划推进，不断缩小城乡公共服务区域间的差距。

三 打造与高品质生活宜居地相适应的公共服务体系

中共中央、国务院批复的《成渝地区双城经济圈建设规划纲要》明确了成渝打造高品质生活宜居地目标，成都市第十四次党代会提出建设公园城市示范区必须不断满足市民日益增长的美好生活需要，坚定不移提质幸福成都，加快打造高品质生活宜居地。连续15年位居"中国最具幸福感城市"榜首，充分说明成都的公共服务体系较健全、服务水平较高。从市民需求和城市发展的角度来看，公共服务体系和能力建设是一个长期发展的过程。一是要深化拓展公共服务领域，在完成国家规定的"七有两保障"基本要求的基础上，根据城市发展实际情况，不断延伸公共服务边界，如成都应将良好的生态本底、悠久的历史文化和安逸休闲的生活方式等作

---

[1] 明亮等：《四川省成都市：打造高品质生活宜居地》，《学习时报》2022年5月30日第8版。

为打造现代化国际大都市的基础，实现城市与乡村、传统与现代、地方与国际的完美融合，提高市民的体验感与获得感。二是要根据不同群体的多元化需求，构建包括基本公共服务、普惠性非基本公共服务和高品质生活服务在内的差异化公共服务发展体系格局，推进公共服务不断向纵深发展，提高公共服务供给水平。三是坚持补短提质，促进公共服务优质均衡布局、普惠共享，发挥公共服务在推进共同富裕中的重要作用。聚焦就业增收、教育、医疗健康、社会保障、全龄友好和宜居生活环境等重点领域，完善包括设施建设、制度保障、服务平台、供给机制、服务标准等在内的高标准高品质公共服务体系建设。缩小城乡和区域公共服务差距，促进公共服务均等化发展，确保全市人民共享改革发展红利。

四 公共服务发展需与人口空间分布匹配

伴随着城市化的快速发展，城市人口大幅增长，人口空间布局也发生了变化。"七普"数据显示，十年间成都常住人口增加了581万人，年均增长3.31%。在全市23个区域中，有21个区域常住人口增长，其中新都、双流、高新、郫都、龙泉人口增量排名前五。但从人口区域分布来看，成都人口增长格局呈现非均衡性，全市人口分布出现了城市新区人口比重显著提升，传统主城区（五城区）和城市郊区占比下降的"一升两降"趋势。狭义中心城区（五城区）人口比重由31.37%降至27.28%，除成华区人口有0.39%的增长外，其他四区人口比重都出现了下降。在城市新区方面，高新区和天府新区所辖区域人口比重由6.71%增至10.15%，其中高新区人口增幅达2.35%；而新成立的东部新区人口聚集能力尚未显现，占全市人口比重出现下滑，2020年常住人口仅占全市的1.81%。"5+2"以外的其他中心城区人口普遍增加，总人口比重由27.37%增至36.17%，仅青白江区和新津区人口比重下降。郊区县市和郊区新城无一例外人口比重出现下滑，人口总和比重由31.93%降至24.55%。以此来看，公共服务发展要积极应对人口规模快速增长需求，同时要适应城市新区人口快速增长态势。

五　公共服务发展需与人口结构匹配

成都常住人口结构合理，人口红利充分，但"一老一小"等特殊群体规模庞大。"七普"数据显示，全市0—14岁常住人口占13.28%；15—59岁常住人口占68.74%；60岁及以上常住人口占17.98%，其中65岁及以上常住人口占13.62%。全市人口总抚养比为45.47%，仍处于人口红利期，但少儿和老年抚养人口绝对规模较大，对托幼、教育和养老等公共服务供给带来挑战。

分区域来看，东部新区和简阳市的人口年龄结构总体欠优，两地0—14岁人口超过15.9%，60岁及以上人口超过26%，少儿和老年抚养人口比例均在全市排名靠前，养老、托幼和教育服务供给压力大。0—14岁人口占比在14%—15%的区域有天府新区、新都区和金堂县，位于13%—14%的区域有锦江区、青羊区、龙泉驿区、温江区、双流区、郫都区；位于11%—12%的区域有金牛区和崇州市；其他区域0—14岁人口比例都位于12%—13%这一区间内（见图5-1）。在60岁及以上人群比例方面，整体来看，郊区县市的老龄化程度要高于其他区域，传统中心城区要高于其他建成区，但低于青白江和新津区的老龄化指数。总体来看，中心城区人口聚集能力强，人口结构更优，而郊区县市的人口抚养比则高于中心城区，这对于经济实力本就偏弱的郊区县市而言存在不小压力。公共服务改革需回应区域发展不平衡和区域人口结构差异所致的公共服务需求非均衡性特征，提高公共服务均等化水平。

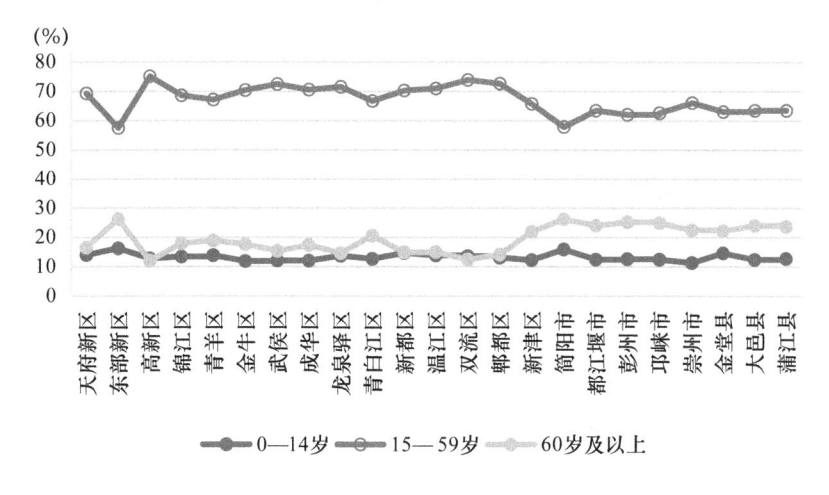

图 5-1 成都各区县人口结构统计图

注：根据"七普"数据计算。

六 深化公共服务供给体制机制改革与创新

深化公共服务供给体制机制改革，明确界定政府、市场、社会和市民个体的权责边界，强化政府的公共服务职能，保障公共服务足额投入和有序增长，鼓励社会和市场主体参与公共服务产品生产和供给，培育权责利同等的大众社会观，引导形成政府主导、多元参与、共建共治共享的公共服务发展格局。[1][2]提高公共服务供给效能，改变自上而下的供给体系和考评机制，构建以需求为导向的公共服务供给体系，聚焦群众急难愁盼和对美好生活的向往，将民生领域的问题清单变为市民的幸福清单，促进公共服务供需精准对接，切实增强市民的获得感。推进公共服务数字化智能化智慧化发展，促进公共服务全面嵌入"智慧蓉城"建设框架，推动城市生活数字化转型，让公共服务体系运行更聪明、更智慧。发挥"城市数

---

[1] 李红玉：《城乡融合型城镇化——中国新型城镇战略模式研究》，《学习与探索》2013年第9期。

[2] 宋红团：《建设服务型政府的几个着力点》，《人民论坛》2017年第31期。

据大脑"在数据归集整合、深度利用开发方面的潜力，依托"天府蓉易办""天府市民云"等平台，构建便捷服务、宜居生活智慧应用场景，不断提高公共服务能力。

第三节　成都公共服务改革发展蓝图

构建高品质现代公共服务体系是城市治理现代化的核心议题，作为一个常住人口超过 2100 万的超大城市，公共服务供给水平是决定城市竞争力的重要指标，也是城市治理体系和治理能力现代化的内在要求。大城市公共服务改革发展要立足于服务国家战略大局、聚焦人民需求、遵循科学原则、借鉴先进经验、应用现代科技等，构建广泛覆盖、多元参与、方便可及的多层次公共服务体系，实现城市发展和市民幸福的双向奔赴。

一　公共服务改革发展要求特征

公共服务改革发展要积极回应人民需要，契合服务国家战略，服务城市高质量发展和顺应行业发展趋势等要求。成都公共服务政策改革一是要贯彻落实党中央精神和国家法规制度安排，满足人民群众对美好生活的需要；二是要履行加快推进成渝地区双城经济圈建设和建设践行新发展理念的公园城市示范区等国家战略使命，探索中国超大特大城市现代化发展试点示范的公共服务发展路径；三是要服务于城市产业、空间和人口发展需求，发挥公共服务在促进城市高质量发展、高品质生活和高效能治理中的积极作用；四是要参考借鉴国内外公共服务发展规律和先进经验，在系统化设计、多元化供给、规范化服务、均等化发展和智慧融合发展等方面发力，构建高品质现代公共服务体系。

鉴于服务对象异质性和服务需求多元化的社会现实，按照公共服务广泛覆盖和供给主体多元化等基本原则，未来公共服务改革需体现多维度、立体化、系统性特征。从未来发展趋势来看，公共服务内容从聚焦基本公共服务，拓展到涵盖基本、非基本公共服务、社会服务的多维度融合发展；民生服务格局从重点夯实基本民生，扩展为构建兼顾兜住底线民生、"一老一小"重点人群普惠民生和高端品质型民生的立体民生格局；改革重点从探索清单化动态调整机制，扩展到构建完善政策清单动态调整，深化国家试点、全龄友好服务、商业化逻辑多元供给，服务资源向社区基层下沉、都市圈公共服务共建共享等内容。成都应着眼于大民生服务格局，按照系统改革思路积极回应各方需求，构建包含基本和非基本等在内的多维度品质公共服务体系。

二 公共服务改革发展目标方向

中国公共服务改革发展的总体方向是推动基本公共服务、普惠公共服务、品质型公共服务一体化、融合发展，构建兜底、普惠、高端的大民生格局。从基本公共服务、非基本公共服务和高品质生活性服务业三个层次来看，基本公共服务均等化水平显著提高，围绕"七有两保障"的基本公共服务清单化、标准化管理制度体系更完善更成熟，城乡公共服务均衡发展水平更高，实现基本公共服务常住人口全覆盖。普惠性非基本公共服务实现提质扩容，服务规模和质量得到较大幅度提升，获取方式更加便捷，服务价格更可承受，服务体验不断改善。高品质差异化的生活性服务业蓬勃发展，行业标准化、品牌化建设取得重大发展，产业规模显著扩大，新业态新模式不断涌现。

成都公共服务改革发展的整体目标是坚持以建设公园城市示范区为统揽，高品质公共服务融合发展制度更加健全，形成高标准的公共服务保障体系，商业化逻辑的公共服务供给机制更加成熟，基于人口和产业布局配置公共服务资源的制度设计基本健全，15分钟品质公共服务圈基本建成；成都都市圈和成渝地区双城经济圈的公共服务制度衔接性更强、资源共享程度更高；形成与中国西部具有全球影响力和美誉度的现代化国际大都市相适应的高品质公共服务体系，高水平实现幼有善育、学有优教、劳有厚得、病有良医、老有颐养、住有宜居、弱有众扶、拥军优属、人文友好发展目标[①]；满足市民的体育健身、娱乐休闲、社区综合服务和公共法律服务等需求，让"幸福成都"成色更足、品质更高。作为全国重要的超大城市和西部地区重要的中心城市，成都的现代化治理是中国超大城市现代化治理乃至国家治理体系和治理能力现代化的重要体现，品质高效的公共服务供给作为现代化治理的题中应有之义，成都公共服务改革发展目标方向具有一定的推广价值，代表了超特大城市公共服务供给的目标方向。

---

① 《关于印发〈"十四五"公共服务规划〉的通知》，中国政府网，https：//www.gov.cn/zhengce/zhengceku/2022－01/10/content_5667482.htm。

第 六 章

深化城市公共服务改革的路径和举措

"健全基本公共服务体系，提高公共服务水平，增强均衡性和可及性"[1]是党的二十大报告明确的重要任务之一，也是增进民生福祉、提高人民生活品质的重要举措。对于城市而言，深化公共服务改革、塑造美好生活的供给体系是新时代持续推进城市做优做强、提升城市能级、谱写中国式现代化城市建设新篇章的重要战略支撑。随着城市空间结构变化、人口流动聚集和产业转型升级，人民群众日益增长的美好生活需要内涵更加丰富，对基本公共服务、普惠公共服务乃至高端化个性化的品质型公共服务需求更加多元多样。为此，应进一步深化公共服务改革，补短板、强弱项、提质量，推动公共服务体系不断健全完善、公共服务优质均衡发展、服务城市发展和满足人民群众美好生活需要层级大幅提升。

---

[1] 习近平：《高举中国特色社会主义伟大旗帜　为全面建设社会主义现代化国家而团结奋斗——在中国共产党第二十次全国代表大会上的报告》，https：//www.12371.cn/2022/10/25/ARTI1666705047474465.shtml。

第一节　坚持统筹谋划，强化公共服务体系建设顶层设计

公共服务涉及领域广、覆盖人群多，不均衡不充分发展与基层群众日益增长的多元化公共服务需求之间矛盾突出，是公共服务体系建设长期以来面对的重大难题。必须加强统筹谋划，完善顶层设计，"一盘棋"推进公共服务体系建设提档升级。

一　加强公共服务发展规划统筹

规划是引领发展的重要抓手。贯彻落实国家公共服务发展规划，要充分结合本地公共服务发展需求，加强统筹公共服务总体规划和重点领域公共服务专项规划的编制实施。

（一）加强公共服务体系建设的系统规划和部署

充分对接国家公共服务"十四五"规划的目标任务，立足城市战略定位及其经济社会发展实际，编制城市公共服务体系建设中长期规划，坚持"基本公共服务均等化、普惠性基本公共服务提质扩容、高品质生活性服务业创新发展"[1]的分类发展方向，明确底线民生、普惠民生、品质民生有机衔接、立体融合发展的多元化多层次公共服务体系建设方向和重点。推进公共服务体系建设与城市发展的整体性协同治理，强化公共服务布局和结构调整的全域统筹，根据中心城区、城市新区、郊区新城核心功能建设以及城市空间、产业、交通和能源等结构调整优化需求，科学规划和精准配置各类公共服务资源，并且细化公共服务资源与常住人口挂钩、与服务半

---

[1] 杨明品：《广播电视公共服务：从提质增效到提档升级》，《中国广播电视学刊期刊》2022年12月19日。

径挂钩的具体制度安排，形成以城市空间、人口、产业发展为导向的公共服务资源精准配置机制，推动实现从"人找服务"到"服务找人"的转变。

（二）加强分类分层次的公共服务专项规划及其实施统筹

加强公共文化设施建设、公共文化服务、体育设施建设、教育服务、养老服务、托育服务等各类专项规划，并强化各类公共服务专项规划的协调和实施统筹。针对当前公共服务设施规划建设过程中存在的供需不匹配、建设和使用运营脱节的问题，可以具体明确一个具有综合协调功能的部门，对公共服务设施建设到后续运营服务的全过程进行统筹协调：在规划环节，形成更系统准确、更具前瞻性和更符合发展需求的公共服务设施整体布局；在建设环节，建立使用运营部门与建设部门的联系协同工作机制，形成统一的建设目标、思路和行动计划，推进公共服务功能设置与设施建设一体规划一体推进；在使用运营环节，充分回应市民公共服务的分类分层次需求，对公共服务内容和结构进行优化调整，提升服务供需适配度，并建立健全服务反馈机制，推进公共服务规划的进一步落实和完善。

（三）强化上下联动协调的工作机制统筹

公共服务的品质提升涉及多个行业多个部门，为此，必须加强部门之间的联动协调工作机制建设。要进一步加快推进政府部门的公共服务职能整合，健全自上而下协同治理平台，探索并建立由政府主要领导牵头、政府部门参与的公共服务领导小组工作机制，形成相关行业主管部门、区（市）县以及街道、社区共同参与的会商联系制度，定期研究解决公共服务发展和供给过程中跨部门、跨行业、跨区域的重大问题。各行业主管部门按职责分领域研究制订实施计划，细化工作责任和具体任务，形成合力，推动改革举措落地落实。

二 建构完善的公共服务制度体系

推动公共服务规划落实落地,需要完善的制度规范支撑。为此,需要系统梳理各类公共服务制度规范,并立足广大居民群众的全生命周期公共服务需求,推动公共服务制度的配套衔接。

(一)完善公共服务配套制度体系

围绕国家、省、市公共服务发展规划,完善促进公共文化、教育、社会保障、就业、医疗卫生等各个领域公共服务发展的地方规范性文件。同时,充分考虑公共服务供给情势变化和群众需求变化,及时修订完善公共服务的相关政策制度,比如,健全基本公共服务"三张清单"制度(对标"七有两保障"制定政策清单、联动推进项目清单、制定实施改革清单);不对公共服务设施使用功能"一刀切",根据公共服务实际需求变化,推行对政府集中供应设施的功能使用动态调整制度;加强区域协同,清理完善与公共服务事项"跨省通办""异地代办""多地联办"不相适应的地方法规和政策规定,细化执行规则标准等。

(二)完善基本公共服务标准体系

分区域推进国家基本公共服务综合试点,以及民政领域、医养联合、文体服务等专项试点,在对表国家、省基本公共服务标准的基础上,加强公共服务标准体系"成都经验"的总结、提炼与推广。进一步完善优化成都基本公共服务标准,瞄准人民群众急难愁盼问题,编制年度基本公共服务标准,明确提供基本公共服务的质量水平和支出责任,建立健全常态化工作机制,推动基本公共服务标准动态调整。

(三)完善公共服务检查评估制度

建立健全公共服务分类管理评价标准,由政府牵头,会同卫健委、教育局、文广旅局、人社局、体育局、住建局等涉公共服务管理的职能部门共同制定公共服务分类管理细则，明确细分领域，针对不同类别的公共服务内容，确定不同的规范要求、评估标准和奖惩措施；建立"年度评价、五年中期评估和终期总结"的闭环监测机制，定期对公共服务重点领域和重点环节开展综合评估和专项评估，加强对公共服务规划主要指标的动态监测统计，及时发现和解决突出问题；建立健全第三方评估制度机制，畅通社会监督渠道，推动对公共服务效果、供需匹配等社会化公开化评估；等等，促进公共服务质量的整体提升。

三 加强公共服务"补短板"的政策支持

公共服务区域发展不平衡、普惠服务设施建设短缺、优质服务资源不足、有影响力的服务品牌不多，是当前公共服务提升普遍面临的重要短板。加快补齐公共服务短板，需要从政策支撑和保障上破局。

（一）加强重点区域和重点领域公共服务资金保障

加大财政资金对重点区域和重点领域的公共服务扶持倾斜力度。一方面，向中心城区老旧小区、城市新区、郊区新城、偏远乡村等公共服务设施供给严重滞后区域倾斜，加快推动这些区域的公共服务硬件设施改善；另一方面，向薄弱环节和重点群体倾斜，加大对教育资源均衡发展、"医养联合"、重大医疗设施和体育设施建设等的专项经费保障力度，推动群众急难愁盼的公共服务质量提升。

（二）研究并制定公共服务"补短板"政策

出台促进区域教育共同体、医疗联合体发展等政策，引导优质资源通过对口联建、委托管理等形式向郊区新城扩面延伸，不断缩小教育、医疗、养老等公共服务在城乡区域间的差距，确保城乡区域居民共享均等化公共服务。出台推动公共服务资源整合利用的发展政策，通过加强公共服务用地规划保障、要求新建小区配套公共服务设施、鼓励辖区单位共享场所空间，以及给予积极参与公共服务供给主体税费减免优惠等，破解各区域特别是中心城区公共服务资源紧张难题，补齐基本公共服务短板。依托国家试点建构完善普惠型服务供给政策，在推进普惠托育、托育养老、儿童友好城市建设等普惠公共服务的进程中，完善规划、土地、税收、金融等多种支持政策，探索盘活设施资源，吸引更多市场主体参与，不断扩大普惠型服务供给。

第二节 创新供给机制，提升公共服务供给质效

公共服务供需错位、不匹配是当前城市公共服务普遍存在的突出问题之一。破解这一问题，需要不断深化公共服务供给侧改革，创新供给体制机制，拓宽公共服务覆盖范围，建构供给主体多元化、供给方式多样化的公共服务供给新格局，满足人民群众不断增长的多元化公共服务需求。

一 推动基本公共服务实现管理人口全覆盖

扩大基本公共服务受众面，将其覆盖到城市全域管理人口，是公共服务均等化的必然之义，也是城市构筑比较优势、增强发展内驱力的重要手段。广州、深圳、上海等地都将"按管理人口进行公共服务设施和资源配置"纳入中长期规划。随着城市能级的提升，中心城市人口发展必将总体呈现规模持续扩大、新市民数量不断增多的趋势。城市常住人口与户籍人口之间存在较大差距，而且还有部分具有较高流动性的短期居住人口、滞留人口，按户籍人口供给公共服务的模式明显与城市人口流动和城市建设趋势不相适应，导

致了一定程度的公共服务资源错配。这就要求在公共服务改革中，摒弃狭隘的公共服务供给观，探索基本公共服务供给从覆盖户籍人口向覆盖实际管理人口转变的有效途径。借鉴国内发达城市的经验，应进一步深入推进公共服务与积分入户挂钩，实现服务人口以居住证积分为依据，享受教育、医疗、住房、就业创业等基本公共服务，建立完善"我为城市多贡献、公共服务多享受"的激励机制，逐步建构起与超大城市、中心城市人口资源聚集相匹配的开放式的公共服务供给模式，以公共服务撬动城市发展内生动力，推动城市共建共治共享。

二 创新有效对接需求的公共服务供给机制

多样化、多层次化是当前公共服务需求的一个显著特征。公共服务供给改革，要回应这一特征，树立分类分层次供给理念，创建有效对接各类需求的公共服务供给机制。

（一）强化基本公共服务的精准供给机制

完善公共服务需求表达机制，拓宽公共服务需求表达渠道，依托政府综合治理平台、市民热线服务、听证会，以及基层街道、社区网格力量等，全面收集基层居民群众对各类公共服务的需求情况、消费力状况。建立健全公共服务基础数据库，探索运用大数据对公众公共服务需求数据的深度挖掘、聚类分析，加强公共服务管理部门的信息共享共通，打破信息不对称壁垒，为公共服务精准供给提供强有力的信息支撑。[1] 针对不同群体的公共服务需求，进行分类并积极探索创新服务供给方式，譬如制定各类公共服务指南，推行"订单服务"，面向基层群众提供具有多样化、差别化的基本

---

[1] 边娇、石建莹：《市域公共服务供给侧改革：价值意蕴、现实困境与实现进路》，《辽宁行政学院学报》2021年第1期。

公共服务"订单",有效契合群众需求差异,满足不同群体的公共服务需求。加强对基本公共服务满意度的跟踪和反馈,建立健全基本公共服务满意度评价长效机制,通过利用线上线下平台、委托第三方评估等多种方式定期跟踪公众对公共服务供给的满意度和意见反馈,推动公共服务从"单向供给"向"双向互动"转变,进一步提升公共服务的供需匹配度。[①]

(二)健全多元主体参与供给机制

单纯由政府供给公共服务的方式,难以满足公众公共服务需求多元化、多样化的发展趋向。因此,既要发挥政府的主导作用,又要引导企业、社会组织和其他机构、志愿者等积极参与公共服务供给,并着力为多元主体参与搭建平台、提供服务。要联合各类公共组织机构,建立健全社会化的公共服务需求信息发布机制,适时发布民生项目机会清单,组织机会清单对接会,为各类企业、社会组织以及参与公共服务供给的机构、个人等提供需求信息,为多元主体更好地参与公共服务供给建好对接平台。加快培育专业化社会企业、社会组织,加强关于社会企业、社会组织培育发展以及承接公共服务的相关政策支持,增强其承接公共服务的能力。完善政府向社会组织购买服务年度计划,逐步扩大政府购买公共服务范围和规模,明确购买主体的服务职责范围,同时加强对政府购买公共服务的监督和评估,促进多元主体供给公共服务的质量提升。

(三)完善需求导向的市场供给机制

在保障和提升基本公共服务供给质量的同时,也要充分满足高收入群体的高品质生活服务需求,坚持用商业化逻辑、市场化方式推进高端化个性化的品质型公共服务供给。对于健康、养老、文

---

① 边娇、石建莹:《市域公共服务供给侧改革:价值意蕴、现实困境与实现进路》,《辽宁行政学院学报》2021年第1期。

化、旅游、体育、家政等高品质需求聚集的重点领域，有序放开市场准入，引进国际国内知名服务品牌，广泛吸引企业和社会力量参与，推进服务创新，开发一批具有较高市场价值、群众喜闻乐见的服务产品用品，打造代表性特色化服务品牌。鼓励高端公共服务的市场供给主体积极发展体验服务、私人订制、共享服务、智慧服务等新业态、新模式。

三 提升重点领域的公共服务供给质效

教育、医疗、养老托幼、就业、社会保障等是基层群众关切的民生重点领域。公共服务供给，要"急群众之所需，解群众之所忧"，聚焦民生重点领域，持续提升公共服务供给质效。

（一）深入推动教育优质均衡发展

根据城乡发展需求，实施普惠性学前教育提升工程，探索"名园（长）+"学前教育集团发展模式。加大培育义务教育新优质学校力度，引进国内名校来蓉合作办学，推动新建（或改扩建）中小学、幼儿园，提升公办园在园幼儿占比和普惠性幼儿园覆盖率，合理配置义务教育学位，建设一批高品质、家门口的幼儿园、中小学校。同时探索并实施义务教育阶段校长、片区教师轮岗交流和"大学区制"改革[1]，改革创新教育管理方式，完善中小学绩效工资动态调整和教师绩效激励机制，助推义务教育优质均衡发展，提升居民"就近入学"满意度。实施普通高中扩容提质工程，增加普通高中学位供给。创新现代职业教育体系，推进部省共建职业教育创新发展[2]，深化产教融合、校企合作、工学结合，统筹学校整体

---

[1] 傅蕾：《"校长轮岗制"之问》，《现代教育科学》（普教研究）2010年第10期。
[2] 《江西省"十四五"规划和2035年远景目标建议》，https://www.askci.com/news/zszc/20201226/1434211324174.shtml。

发展和学科（专业）建设，推进"学历证书+若干职业技能等级证书"改革探索，探索职业教育与高等教育合作贯通机制，破除职业教育和普通教育壁垒，提升职业技术教育质量，推动社会公众自主自愿接受和选择职业教育。

（二）构建优质高效医疗卫生服务体系

推进国家医学中心、区域医疗中心和城市医疗联合体、县域医共体建设[1]，并重点提升市级医院的医疗卫生服务能力，全力构建以市级医院为牵引的区域危急重症和疑难杂症诊疗服务体系，支持市属医院建设专业类别的省级医学中心和区域医疗中心，打造一批高水平的临床重点专科。[2]加快补齐县域、基层医疗卫生服务短板，有序推进部分区（市）县医院、妇幼保健机构迁建扩建，完善以区（市）县综合医院为龙头，社区卫生服务中心和镇卫生院为骨干，社区卫生服务站和村卫生室为网底的基层医疗卫生服务体系，持续深入推进医联体建设，增强县域基层卫生资源的集合效应。深入实施公共卫生防控救治能力提升工程，建造具有复合功能的重大疫情救治基地，建设生物安全实验室、区域中心实验室，建设健康驿站，加强基层医疗卫生机构（发热哨点）规范化、标准化建设，提高基层对疫疾的监测预警和应急处置能力。健全医保信息化平台，提高人均医疗保障设施配备比，推进医保惠民服务体系建设，为群众提供线上线下融合的业务一站办理、医保证照认证、电子凭证支付、医保异地通办等便民惠民医保服务。

（三）加强"一老一小"普惠服务保障

一方面，针对人口老龄化加剧形势进行前瞻性的部署，完善基

---

[1]《中共湖北省委关于制定全省国民经济和社会发展第十四个五年规划和二〇三五年远景目标的建议》，http://www.whzx.gov.cn/a/zhengxieyaowen/2020/1210/18827.html。

[2]《关于支持成都建设践行新发展理念的公园城市示范区的意见》，http://sc.people.com.cn/n2/2020/1231/c379470-34504569.html。

本养老公共服务体系，推进社区养老服务综合体、嵌入式社区养老院、社区日间照料中心、老年人助餐服务点建设，构建以社区养老服务综合体为枢纽，"一院一中心多站点"为支撑的居家社区养老服务网络。探索经营性民办养老机构与公益性民办养老机构享受同等优惠政策，对本地、外地和境外投资者举办养老服务项目实行同等待遇，引导支持国内外优秀企业和机构落户城市从事养老服务业。[1] 推进公办和公建民营养老机构的床位改造升级，提高对特困、低收入、失能半失能老年群体的长期照护能力。深入实施城企联动普惠养老专项行动，鼓励社会力量举办规模化、连锁化、专业化养老机构或参与非营利性养老机构服务网点的建设和运营，引导鼓励民间资本投入养老服务，满足多层次、多样化的养老服务需求。另一方面，完善托育服务政策体系，把托育服务纳入市、区两级经济社会发展相关规划予以保障，推进实施婴幼儿照护服务扩容工程，提升婴幼儿健康服务[2]，通过加强新建城区统筹建设，老城区和已建成居住区购置、置换、租赁以及旧城改造等方式完善婴幼儿照护服务设施；推动有条件的幼儿园、机关事业单位、产业园区、企业设立托育站点，鼓励社会力量举办托育机构，加快补齐婴幼儿照护托位不足短板。

（四）推进公共就业和社会保障服务跃升

进一步加强公共就业服务线上线下平台建设，全面优化"互联网＋公共就业创业服务"；加强劳动力就业创业服务需求调查，加快建设失业监测预警体系，建立健全就业形势分析研判制度和常态

---

[1] 《转变政府职能　创新资源配置　着力推动养老服务业高质量发展》，https://www.ndrc.gov.cn/fggz/tzgg/dfggjx/201901/t20190111_1022253.html。
[2] 《四川省人民政府办公厅关于促进3岁以下婴幼儿照护服务发展的实施意见》（川办发〔2020〕1号），https://www.sc.gov.cn/10462/11555/11563/2020/2/18/31d68b3dbd0d4a65b55d9cbb40314215.shtml。

化发布制度;加大普惠性的劳动者技能就业培训力度;健全困难人员就业援助长效机制,扩大公益性岗位安置,鼓励引导大学生、农民工、退役军人、残疾人等重点群体就业创业,增强慈善、养老、康养、家政、社区治理等行业社会企业和社会组织吸纳就业能力,等等,为群众提供更高质量的就业帮扶。[①] 进一步完善覆盖全民、统筹城乡、公平统一、可持续的多层次社会保障体系,深入推进职业伤害保障、个人养老金制度国家试点,推进职业伤害确认、鉴定、待遇支付"三合一",补齐新职业人群工伤保险制度短板;大力发展企业年金制度,提高企业年金覆盖率;深入实施全民参保计划,扩展线上线下的社保服务渠道,促进"应保尽保"和推进各类社会保险业务一网通办、全域通办、跨省通办;推进电子社保卡支撑"市民码"建设,拓展社保卡居民服务"一卡通"公共服务范围,等等,使群众广泛享受到高效便捷的社会保障服务。

(五)提供群众乐享的高品质公共文体服务

在文化服务方面,要回应广大人民群众日益增长的精神文化需求,增加友好型、品质型公共文化服务供给,例如,持续实施公共文化场馆免费开放,推进文化场馆错时、延时服务和24小时全时自助服务,以及面向老、弱、病、残特殊群体的服务项目、服务空间和服务机制;做强公共文化云、智慧图书馆、智慧博物馆等公共文化数字平台的服务功能,提供云阅读、云视听、云直播、云培训等服务,推进数字文化内容资源和管理服务大数据资源建设,提高公共文化智能化服务水平;深入实施文化惠民工程,推进优质文化资源、文化服务进乡村、进社区、进学校和进企业,常态化开展"书香成都""乐动蓉城""成都文化四季风",以及"戏曲进校

---

① 《成都市国民经济和社会发展第十四个五年规划和二〇三五年远景目标纲要》,https://baijiahao.baidu.com/s? id=1694896247027886075&wfr=spider&for=pc。

园""非遗进校园""走基层文化惠民演出""举办公共文化服务超市"等群众文化活动。

在体育服务方面，要扩大全民健身服务供给，加大公共体育场馆公益开放力度，推动社会体育场馆提供免费或低收费服务，鼓励通过改造场馆软硬件设施、引入先进场馆管理体系、借助新科技产品运用等，全面提升体育场馆服务水平；统筹规划各种大型赛事场馆的后续使用，推进赛事场馆同时满足全民健康、体育培训等功能要求；发挥国际赛事带动效应，广泛开展"绿道健康行""社区运动节"等全民健身活动；打造体现地方特点的智能化体育健身指导服务平台，对居民运动频次、形式、轨迹进行跟踪分析，提供个性化健身指导，等等，提升全民健康生活化水平。

第三节 加强设施建设，推进公共服务均衡普惠共享

公共服务设施配置是公共服务的硬件内容，是居民群众享有公共服务的最直观体现。而公共服务设施供需不匹配、区域不均衡、品质不高仍是当前公共服务供给存在的突出短板。为此，必须充分考虑中心城区、城市新区、郊区新城的各区域功能定位、人口分布和群众需求，深入推进公共服务设施扩面提质，提升居民品质生活。

一 推进基本公共服务设施扩面增量

着力于"补短板"，扩大基本公共服务设施的供给总量，重点针对老旧城区、新建城区、偏远乡村等公共服务设施供给严重失衡的区域，补足基本公共服务设施建设，实现基本公共服务设施供给区域均衡、全民共享可及。

（一）提升老旧城区公共服务设施水平

切实贯彻落实国家发改委、住建部《关于加强城镇老旧小区改造配套设施建设的通知》（发改投资〔2021〕1275号），摸排老旧城区配套设施特别是2000年以前建成的老旧小区存在的养老、托育、停车、便民等民生设施缺口，排查群众关切的涉及燃气、电力、排水、供热等配套基础设施及公共空间的安全隐患，将其纳入区域公共服务设施改造计划，根据设施缺失程度、群众改造意愿等，分年度、分批次推进相关改造。加强城镇老旧小区改造与城市更新、绿色社区创建等的统筹协调，将老旧小区改造与市政管网设施建设、公共文体设施建设有机结合，优化空间布局和建设时序，通过补建、置换、租赁、改造，以及动员辖区单位开放部分公共设施等多种方式，统筹利用存量资源，增加基本公共服务设施、便民商业服务设施以及其他公共活动空间。

（二）推进城市新区公共服务设施适度超前建设

对于处于初建阶段的城市新区开发和产业功能区，公共服务设施配备基本从零开始，在建设中更需要具有前瞻性，适度超前布局，创造舒适便捷的生活环境，增强新城区对中心城区人口转移、外来人口流动的吸引力，推动居民享有优质公共服务与新城区建设同步提升。打造多模式便捷公共交通系统，加快推进快速干线交通、生活性集散交通、绿色慢行交通的统一布局和顺畅衔接，加大城市微循环和支路网建设力度，分类分区优化停车设施供给，增加灵活便捷的道路班车配客站点，改善行人过街设施条件等，为新城区居民提供便利快捷交通服务。[①] 根据新城区覆盖半径和服务人口比例，围绕教育、医疗、文化体育等社会公共服务领域，统筹考虑

---

① 《国务院关于印发"十四五"现代综合交通运输体系发展规划的通知》，https://www.gov.cn/zhengce/zhengceku/2022-01/18/content_5669049.htm。

存量资源和增量需求，启动区域医疗中心、体育馆、多功能影剧院等功能性项目建设；做好中小学、幼儿园、就业服务设施、社区卫生服务设施、文体活动设施、养老服务设施、消防设施以及垃圾中转、再生资源回收站、公厕等市政公用设施的配套；新建住宅区严格按规定标准落实公共服务配套面积，同步建设相关设施，全面提升新城区整体公共服务能力。在此基础上，根据区域定位和发展需求增设特色类公共服务设施、实施应急避难场所建设等重大民政基础设施项目，增进民生保障和提升生活宜居性。

（三）实施公共服务设施向乡村延伸行动

推进教育、医疗、卫生、养老、文化等公共服务设施的城乡一体化建设，缩小乡村与城市在义务教育、社会保障、医疗卫生、养老、公共文化等方面的公共服务供给差距；加强乡村交通道路的规划建设，构建乡村骑行可达、高效复合的公共服务圈，实现乡村社区15分钟骑行生活圈全覆盖。此外，对于农业生产、生态环境保护等体现乡村特殊需求的基本公共服务，增加财政投入、技术投入和人才投入，通过兴建农田水利设施、组建专家团队指导、开展农技培训与推广、提供牲畜防疫服务、组织乡村社区骨干和居民代表外出学习等适用性、针对性强的举措予以保障，推动农业、农村和农民的发展，促进城乡公共服务的均衡提升发展。

二 提速高品质公共服务设施建设

着力于"筑长板"，满足广大人民群众对高品质公共服务的渴求与期望，加快具有更丰富文化内涵、更有档次的公共服务设施建设，创建彰显成都城市魅力的公共服务品牌。

（一）加快体现城市特质的重大文体设施建设

围绕城市的核心文化品牌打造，加快建设体现城市文化特质、蕴含城市人文精神的历史文化街区、建筑群落和文化景观公园。推进重大赛事场馆体系建设,建设体育公园、国际运动训练基地等具有国际水准、功能复合的场馆设施;分级分类建设都市运动中心、社区多功能运动场、城市体育服务综合体、青少年户外体育营地及健身步道、登山步道,高质量构建15分钟健身圈。高质量建设国家级博物馆、图书馆以及专业音乐厅等文化艺术地标项目;加快文化馆、图书馆、美术馆、艺术中心、大学博物馆、艺术博物馆,以及戏剧艺术中心、大剧院、露天音乐公园、音乐厅等大型公共文化设施建设等,为全民享有优雅时尚的高品质公共文体服务提供硬件保障。

(二)强化公共服务特色化设施建设

优化"15分钟公共文化服务圈",持续推进基层文化设施"亲民化"改造和县级博物馆"一馆工程",推进县级文化馆、图书馆总分馆建设,打造书院(书房)、音乐馆、国学馆、乡愁馆、非遗馆、家风馆等特色分馆。以社区综合体、广场、公园等为主要载体,根据社区服务人群结构、消费习惯、生活特征的不同,增设学龄前儿童托管中心、老年学校、社区学校、残疾人日间照料康复中心、境外人员服务站、心理咨询室、游客服务中心、社区食堂、英语角、专业图书室、便民生活服务点等多项特色提升类公共服务设施。根据不同类型社区居民生产生活的不同需求,因地制宜推进产业社区、便民服务社区、国际社区等三类特色社区生活场景建设,以及医养、教育、运动、文化、旅游等五类特色主题生活场景建设,为市民提供更加丰富多样的公共服务。

三 推进全龄友好包容设施建设

聚焦老弱残等特殊群体的需求,加大适老、抚幼及特殊人群关爱设施建设力度,提升老弱残等特殊群体的获得感和幸福感。结合城市更新对老旧社区进行适老化设施改造;加强老年公共文化体育、助餐服务设施建设，以社区康养服务综合体为依托，进行基层老年综合文化服务中心建设。以努力建成儿童友好型城市为目标，推进托幼服务体系的系统化、规范化和标准化建设，健全社区的婴幼儿照护服务设施，加强幼托一体化的抚幼设施建设，新建、改扩建幼儿园中增设托幼班条件；实施儿童学习场所视觉环境改善工程，实现学校教室视觉环境光照质量达标率100%；建设多样的室内外儿童活动空间，打造儿童"15分钟公共空间体验网络"和"半小时自然体验圈"。推进暖心救助和福利设施建设，加快打造各类公共服务空间的残疾人无障碍帮扶设施和精神障碍康复服务设施建设，实现新建公共服务设施无障化率达到100%，保障特殊人群更有尊严、更无障碍融入社会。

第四节　深化数字赋能，推动公共服务智慧化、便捷化

互联网、物联网和人工智能等现代信息技术助力城市发展的大趋势，必将推动公共服务智慧化转型发展。面对当前仍然存在的智慧建设多头管理、信息壁垒林立、公共服务智慧化程度低、智能化升级改造不到位等问题，应进一步推动智慧蓉城战略在公共服务领域的贯彻实施，深化数字赋能，打通"数据孤岛"，建构智慧公共服务体系，促进公共服务精准化、智慧化、便捷化发展。

一　推进公共服务领域的智能技术应用

（一）加快公共服务智能设施建设

以AI、AR、VR、5G、大数据、互联网、物联网、区块链等智能科技赋能公共服务设施，通过先试点后推广的方式，建设智慧社区综合体项目，国际化智慧生活场馆，智慧健康养老应用示范基

地，智慧体育运动场馆，数字博物馆、文化馆、图书馆，智慧停车场、公共停车场充电桩，以及其他自助式的智能化便民公共服务设施，推进市政基础设施和社区公共设施实施数字化、网络化、智能化改造和管理，创造居民健康生活新生态、新场景。探索建设数字孪生城市，加快推进"数智城市"的政府端和社会端建设，政府端重在打破层级、部门和领域的壁垒，社会端重在完善功能应用开发。全面建设城市信息模型（CIM）平台，建立集感知、分析、服务、指挥、监察等为一体的城市运行综合管理服务平台①，建立与实体政务大厅相匹配的网上办事大厅、移动客户端、自主终端等线上公共服务平台等，有力推动"一网通办""一网统管""最多跑一次"服务改革，促进更多公共服务事项网上办、掌上办、一次办，实现公共服务更加便捷高效。

（二）大力推进各类智慧服务应用

大力培育跨行业跨领域综合性平台和行业垂直平台。加快数字创意、智慧就业、智慧医疗、智慧住房公积金、智慧法律服务、智慧旅游、智慧文化、智慧广电、智能体育、智慧养老等新业态新模式发展。②依托"市民云"平台建构完善的智慧服务系统，保障居民通过数字技术连接养老服务、医疗服务、劳动就业、文化体育、交通出行、社会保障等，快速获取个人所需公共服务资源。探索"区块链+"在公共服务领域的运用。加强信息技术在基本养老服务、医疗服务中的申请受理、过程管理、资金结算、信息推送、服务质量监测、安全生产监管等方面的应用③，为公众提供就近便捷

---

① 《浙江省发展改革委 浙江省住房和城乡建设厅关于印发〈浙江省住房和城乡建设"十四五"规划〉的通知》，https://www.zj.gov.cn/art/2021/5/8/art_1229505857_2283988.html。
② 《关于促进"互联网+社会服务"发展的意见》，https://www.ndrc.gov.cn/xxgk/zcfb/tz/201912/t20191212_1213336.html。
③ 《上海市人民政府关于印发〈上海市深化养老服务实施方案（2019—2022年）〉的通知》，https://www.yanglaocn.com/shtml/20190604/1559602050119363.html。

养老服务、医疗服务。推进实施全民健康保障信息化工程，建设完善电子健康档案和电子病历数据库，推进"医学检查检验结果互认共享"，切实减轻群众看病就医负担。深入推进"文化云"建设，推动公共文化服务走上"云端"、进入"指尖"，打造云展览、云阅读、云视听、云直播、云培训等服务品牌。[1] 打造"运动城市·体育生活地图"，建设特色化、智能化体育健身指导服务平台，对市民运动频次、形式、轨迹进行跟踪分析，提供个性化健身指导。建立健全数智就业平台，深入推进就业事项智办、就业政策智询、就业治理智治等应用，实现失业保险金申领、失业补助金申领、个人创业担保贷款贴息等事项在线快捷办理。深入推进社区智慧物业管理服务，推动物业服务企业大力发展线上线下社区服务业，接入电商、配送、健身、文化、旅游、家装、租赁等优质服务，拓展家政、教育、护理、养老等增值服务，[2] 满足居民多样化需求。

二 加强智慧公共服务的制度治理

（一）进一步健全政府部门间的公共服务数据资源交换共享制度机制

构建由政府牵头，广泛的跨部门、跨层级、跨区域的公共服务联盟，整合各级各类公共服务领域的基础数据库和数据资源，实现公共服务业务信息系统与政务大数据平台的对接，统筹建成公共服务数据资源库和数据资源目录体系，促进数据有效汇聚与联通。建设满足部门资源共享和业务协同需求的数据资源共享平台，建立健全数据交换和共享标准规范，建立公共服务管理信息资源共享的负

---

[1]《文化和旅游部关于印发〈"十四五"文化和旅游发展规划〉的通知》，https://www.sohu.com/a/470238845_121106991。

[2]《住房和城乡建设部等部门关于开展城市居住社区建设补短板行动的意见》，https://www.mohurd.gov.cn/gongkai/zhengce/zhengcefilelib/202008/20200826_246923.html。

面清单制度及负面清单审核制度,促进各部门依法主动开放信息数据资源,部门间便捷高效地共享数据资源。

(二) 推进公共服务数据资源的社会化共享

在加强部门基础信息资源整合共享的基础上,建立健全面向部分科研机构、高校等的数据分析系统和规范使用保障体系,推动公共服务数据协作研析,让数据为提升公共服务能力、城市治理效能服务。完善养老、医疗、社保等民生档案跨区查询服务,建立互认互通的数据标准体系,推动实现民生保障事项"一地受理、一次办理"。完善城市数据开放的地方立法和政策制度规定,建立健全公共服务数据资源开放分级分类指南和工作细则,在加强公共服务数据安全保障和隐私保护的前提下,推进涉及公共卫生、民生保障、文化教育、生态环境、气象服务、交通出行等与公民密切相关的公共数据资源向社会公众开放。引导部分涉及公共服务管理的企业、行业协会、社会组织主动采集和开放相关数据,建立政府和社会互动的公共服务数据信息整合共享机制。

第五节 推进融合发展,扩大公共服务优势叠加效应

公共服务涉及多个行业、多个领域。推动相关行业、领域的深度融合、创新发展,有利于巩固优势叠加、实现共赢,最大限度地提升服务质量效能。深化公共服务改革,要着重把握各行业和领域的关联性特点,推动重点领域公共服务业态和资源的深度融合。

一 推进文体旅融合创新发展

以文塑旅、以旅彰文,推进文化、体育和旅游业态融合、产品

融合、市场深度融合发展,[①] 为公众提供高品质的文体旅公共服务。

(一) 推进文体旅资源叠加布局和业态融合

探索突出城市文化内涵和彰显城市文化特色的文化旅游综合服务设施建设、改造。发展文化旅游休闲街区,盘活文化遗产资源。推动"公共文化服务进景区",在游客集聚区积极引入图书馆、阅读驿站、剧场、影院等公共文化设施,推动传统技艺、表演艺术等非物质文化遗产项目进重点旅游景区、旅游度假区,统筹实施一批文化和旅游服务惠民项目,进一步发展文化遗产旅游、红色旅游等融合特色文化的旅游业态。围绕城市美好生活的社会价值,依托城市的各级绿道、各类公园湿地等开展"公园+""绿道+"公共服务,在绿地公园中植入博物馆、美术馆、书店等文化消费实体,健全绿道健身新空间。推动传统邻里中心进行绿色升级,打造集生活、运动、生态、文化于一体的立体式公园社区邻里人家示范点。

(二) 创新开发文体旅融合服务新产品

加强对文化资源和旅游资源的系统普查、梳理、挖掘,推出一批具有文化主题、文化内涵的旅游产品,建设集文化创意、度假休闲、康体养生等主题于一体的文化旅游综合体,打造以特色博物馆、图书馆、美术馆、剧院以及非物质文化遗产展示场所等为对象的旅游地,开设文化旅游新窗口。探索文化、旅游与其他领域融合的新服务产品或项目,如活化利用工业遗产,发展工业旅游;发展教育旅游,促进文教结合、旅教结合,培育研学、寻根、文化遗产传承旅游项目;打造特色旅游商品;建设康养旅游示范基地,发展康养旅游;发展体育旅游,开展国际赛事场馆旅游项目、户外运动

---

① 《中华人民共和国国民经济和社会发展第十四个五年规划和2035年远景目标纲要》,https://www.gov.cn/xinwen/2021-03/13/content_5592681.htm?eqid=d3485693000264af0000000066457bbe2。

项目；等等。

（三）塑造具有强大影响力的城市文旅融合品牌

统筹整合城市既有的文旅融合优势资源力量，扩大城市既有的文旅品牌影响力。加大城市文旅品牌的对外宣介推广力度，出台文旅消费的优惠措施，扩大文旅品牌对外影响力，同时探索建立促进文化和旅游消费长效机制，通过实施导游专业文化素养研培计划、"金牌导游"培养项目①，健全旅游市场服务质量评价系统、消费反馈处理系统等，促进文旅品牌提升。

二 加快医养深度融合

应对老龄化加速的人口发展新态势，聚焦医养结合的公共服务短板，加快推动医养康养深度融合，为公众提供优质的医养结合养老服务。

（一）推进"医养结合"政策和体制创新

深入推进"国家医养联合基本公共服务标准化试点"，探索构建规范完善的病有所医、老有所养、医养融合的地方服务标准，加快对医养结合养老服务中的"医养支付边界不清，上门医疗服务标准、规范缺乏"等政策和体制性障碍进行探索试点，形成可复制、可推广的医养结合成功经验。建立健全"医院+社区卫生服务中心+养老机构或社区居家养老服务照料中心"的医养结合服务网络，实现危、重、急、难老人及临终关怀在专业医院，失能半失能老人、残疾、慢病、康复老人等在医养结合专业机构，生活能自理以及需要疗养服务的居家老人由社区日间照料中心、卫生服务中心负责提供体检、保健、健康教育、常见病（多发病）的一般诊疗、

---

① 《文化和旅游部发布〈"十四五"文化和旅游发展规划〉》，https://zwgk.mct.gov.cn/zfxxgkml/zcfg/zcjd/202106/t20210604_925006.html。

上门服务等，形成急慢分治、分类服务、医疗与养老机构密切协作、分级诊疗双向转诊的医养结合服务格局。

（二）深化医养结合服务多元模式

优化社区养老院的布局，尽可能建在社区服务中心或者其他医疗机构附近，以促进养老机构与医疗机构开展合作服务，提升养老机构医养结合率。鼓励支持医疗卫生机构开展养老服务模式，探索医院内设医养服务区，实行"医疗卫生、康复养老、分级护理、长期照护、营养干预、健康管理"的六位一体服务模式，深入推广养老机构和医疗机构紧密有效合作的医养服务模式。支持执业医师到"医养结合"机构多点执业，加快培育专业养老服务人才，解决基层医疗人员紧缺难题。进一步探索"社区嵌入式医养结合"模式，借鉴广州经验，在社区引入连锁化、品牌化、规模化的专业养老服务机构[1]，并支持其和中高端民营医疗康复机构合作，将医疗康复资源向社区和家庭延伸，通过为有需求的居家老年人设置家庭养老床位、提供专业照顾服务等，探索多种形式的社会力量开展医养结合服务模式。

（三）积极探索社区居家医养结合的有效途径

重点依靠社区卫生服务中心为社区居家养老提供普惠性便利化的基本医养结合服务。在新建社区卫生服务中心内部增设社区医养结合服务设施，提高医养结合服务硬件水平。改进家庭医生服务模式，完善家庭医生签约服务内容和操作流程，建立社区老人分级分类服务机制，探索建立社区首诊、双向转诊机制，市、区（县）两级医院协定和预留一定比例的专家号源和床位给社区家庭医生，为经由家庭医生转诊的患者提供优先预约、就诊、检查和住院等便

---

[1]《广州街坊足不出户 亦能"花样"养老》，https://www.gz.gov.cn/zwfw/zxfw/sbfw/content/mpost_6451188.html。

利,以及通过对签约老人减免部分诊疗费用、免费体检,购买服务岗位壮大家庭医生队伍、建立家庭医生绩效工资补偿制度等,多方面促进家庭医生签约服务。改革"长照险"补贴支付办法,实现从"补人头"到"补服务"的转变,切实保障重度失能老人享受到高质量专业化照护服务。

第六节 营造发展环境,促进公共服务可持续发展

发展环境的营造,是形成长效推动力、实现公共服务可持续发展的重要支撑保障。为此,应从人文环境、制度环境和市场环境三个维度着手,通过营造广泛参与的人文环境、奖优罚劣的制度环境和规范有序的市场环境,最大限度地激发公共精神,促进公共服务长效可持续发展。

一 营造广泛参与的人文环境

(一)引导推进公众全过程参与民主

进一步巩固和完善基层社区(村)公共服务和社会管理流程,充分发挥居(村)民议事会作用,引导全体社区(村)居民积极参与议事,实现基层社区(村)公共服务事项的民主决策。同时,健全完善意见表达、公开公示、回应吸纳以及监督评价、责任追究机制,保障居民多元化的利益诉求表达,促进居民自愿投身于基层公共服务和社会管理的行动之中,为公共服务发展建言献策,并在公共服务全过程的民主中逐步产生"我知晓、我参与、我满意"的治理认同感,主动参与建构公共服务共建共治共享的发展格局。

(二)培育壮大社会组织和志愿组织

加大面向居民提供各类公共服务的社区组织培育力度,出台优

惠政策，支持社区社会组织承接社区公共服务。对涉及民生保障、社会治理等领域的公共服务项目，同等条件下优先向社会组织购买，促进社会组织更多参与公共服务和提升公共服务能力。加强志愿服务体系建构，借助线上线下等多种宣传推介渠道，广泛动员各类志愿服务组织和志愿者参与公共服务提供，鼓励企事业单位提供公益慈善服务，共同营造社会力量参与公共服务的良好环境。

（三）促进专业服务人才发展

充分发挥城市的高等院校、科研院所等的人才优势，建立健全与各类高校、职业学校和科研院所的联系协作机制，加强公共服务专业人才的定向培养。加强公共服务从业人员教育培训，建立健全职业培训和业务轮训制度，定期组织开展职业培训和业务轮训。探索加强公办与非公办公共服务机构在技术以及人才支持等方面的合作[1]，全面促进公共服务人员素质和服务能力提升，形成广泛的"愿参与、能参与"的公共服务建设格局。

二 营造奖优罚劣的制度环境

（一）完善公共服务满意度评价制度

以"群众满意"为导向，持续推进公共服务满意度测评"扩面"工作，实现区（市）县、街道（乡道）、社区（村）的测评区域全覆盖，以及养老、就业、教育、卫生、交通、科技、文化等服务事项全覆盖。创新测评方式，根据公共服务的区域差异、发展重点等，建构体现不同区域发展要求、特点的公共服务测评指标，并且建立符合实际发展要求的指标动态调整机制。探索线上评价与线下评价相结合、第三方测评机构组织评价与服务管理部门组织评价

---

[1] 《加大力度推动社会领域公共服务补短板强弱项提质量 促进形成强大国内市场的行动方案》，https://www.gov.cn/xinwen/2019-02/19/content_5366822.htm。

相结合、提供服务即时评价和抽样调查评价相结合的多种测评方式，对公共服务基础设施、工作人员服务态度、业务办理流程等进行全面评价，促使相关服务供给者增强服务意识，提升群众对公共服务的满意度。

（二）建构激励机制

将更多公共服务项目纳入政府购买服务指导性目录，规范政府购买服务的流程，实行竞争择优、费随事转，对公共服务供给信誉度高、公众满意度高的社会组织，赋予优先承接政府购买服务、资金支持的权利。积极开展星级认定、评优评先，建立公共服务积分奖励制度等，对公共服务先进个人、志愿者给予兑换奖补物资、景区旅游、健康体检等方面给予优惠，逐步形成推动公共服务、志愿服务长效激励机制。建立健全岗位与等级相结合的社区专职工作者职业发展体系，探索党政机关与公共企事业单位、社会组织的人才互动机制，建立基层工作经历优先提拔机制，拓展公共服务行业优秀人才的职业晋升通道，促使公共服务从业人员自愿向基层和农村流动、积极自主提升职业能力。

（三）强化保障机制

持续加大基本公共服务和普惠公共服务的财政投入力度，提高人均公共服务支出水平，并建立健全公共服务财政支出与经济发展同步增长机制。加强对公共服务建设滞后区域的财政转移支付，促进公共服务均等化发展。探索多元化的社会投入机制，通过财政资金投入引导、搭建公共服务投资平台等，撬动民间社会资本，逐步形成多元筹资推动公共服务发展的新格局。

（四）完善惩罚机制

建立健全政府购买服务的黑名单制度，将不切实履行公共服务职能、弄虚作假、欺骗服务对象，或者有重大违法违纪的组织机构，列入政府购买服务的黑名单，不得允许其参加政府购买服务活动。加快建立合理的政府购买服务退出机制，对公共服务质量和服务结果考核不合格的机构责令退出，促进政府购买公共服务健康发展。进一步健全公共服务重大责任追究制度和责任倒查机制，对公共服务供给中存在重大失误、过错的机构负责人、直接责任人给予相应处罚。

三　营造公平竞争的市场环境

（一）优化准入门槛设置

全面贯彻国家相关制度政策，放宽准入限制，推进公共服务公平准入，鼓励社会力量通过公建民营、政府购买服务、政府和社会资本合作（PPP）等方式参与公共服务供给。在资格准入、职称评定、土地供给、财政支持、政府采购、监督管理等方面给予民办机构与公办机构同等的公平待遇。[①] 进一步深化"放管服"改革，全面清理涉及社会力量进入公共服务领域的行政审批事项，整合公共服务机构设置、执业许可、跨区域服务等审批环节，优化审批流程，提高审批效率。

（二）加强市场监管

加快公共服务价格改革，完善学前教育收费政策、规范民办教育收费、建立健全普惠性养老服务价格机制、健全景区门票价格形成机制、加强景区内垄断性服务价格监管、健全水电气暖和垃圾处理等公用事业价格机制等，推动建构合理收益、遏制过度逐利的公共服务价格机制。创新市场监督管理，引入市民观察团、专业观察员、网络观察团制度，建立监督检查结果公开、质量安全事故强制

---

① 《中华人民共和国国民经济和社会发展第十四个五年规划和2035年远景目标纲要》，https://www.gov.cn/xinwen/2021-03/13/content_5592681.htm? eqid=d3485693000264af000000066457bbe2。

报告等制度，推进行业标杆化服务标准建设等，多举措推动包容审慎、规范有效的市场监管，推动公共服务良性发展。

（三）健全信用体系

探索建立全市公共服务主体信用管理系统，督促公共服务购买单位向政府提供真实、准确、完整的专业服务信息和专业人员基本信息，纳入信用信息系统，供购买单位和公众查询使用。全面推进告知承诺制度和服务公约制度，强化服务质量信用记录。建立严重违法失信黑名单制度，将严重失信服务主体纳入严重违法失信黑名单，推行强制退出公共服务供给、不参与政府购买服务事宜等惩戒措施，推动公共服务供给主体自觉承担责任和履行义务，为城乡居民提供高质量的公共服务。

附件一

"幸福美好生活十大工程"助力成都高品质公共服务体系建设

成都市深入贯彻落实"人民城市"重要理念,坚持人民至上,把保障和改善民生、促进共同富裕作为推进城市治理现代化的重要举措,从2021年开始统筹实施"幸福美好生活十大工程",涵盖就业收入、公共服务、生活成本竞争力、城市通勤、城市更新改造、生态环境、创新创业、全龄友好等与市民和市场主体息息相关的十大领域。截至2023年10月,成都市实施幸福美好生活重点领域项目1265个、实际完成投资4175亿元,建成一批为民惠民可感可及的重大项目,提升了广大人民群众的获得感、幸福感、安全感。下面,我们将分领域对成都市"幸福美好生活十大工程"的实施情况做简单梳理。[①]

一 居民收入水平提升工程

(一)高质量就业水平成效显著

(1)持续扩大就业岗位供给。推动落实"就业优先"战略,坚持稳企稳岗稳就业一体联动协同推进,"十四五"以来,开展线

---

① 本部分由成都市发改委提供资料整理而成。

上线下各类招聘活动9423场次，累计为24.18万家次的用人单位提供招募服务，发布就业岗位582.79万个次。支持设立科研助理岗位促进高校毕业生就业，2021—2022年发布科研助理岗位9356个，吸纳大学生就业人数超过4981人。加强专业性岗位供给，引培专精特新与隐形冠军，截至2022年末，全市累计培育国家级专精特新"小巨人"企业202家，居副省级城市第5位，累计培育省级专精特新企业1647家。积极推进农民就地就业，加大农业经营主体培育力度，截至2023年6月，累计培育家庭农场1.48万家、农民合作社1.09万家。（2）完善职业技能培训体系。依托成都职业培训网络学院，实施"互联网+职业技能培训计划"，2021—2023年，累计开展线上培训1591.78万人次；深入实施就业培训扩容提质行动，2021—2023年，完成补贴性职业技能培训159.47万人次；培育金堂焊工、邛州竹编、浣花女"川字号"特色劳务品牌，开展劳务品牌培训6.61万人次，"四川绿翠生态环境有限公司"等20个单位被确定为2023年成都市乡村振兴就业创业示范基地。（3）强化推进就业帮扶服务。实施农民工就业促进专项行动和优秀农民工定向回引工程，开展农民工服务保障"五大行动"，近年农村劳动力转移就业规模年均保持在200万人以上。精准开展困难人员"1311"援助服务，截至2022年末，全市公益性岗位与就业援助基地岗位在岗安置就业困难人员1.35万名，"零就业家庭"实现动态清零。

（二）收入增长全面发力

（1）有效激发市场主体活力。大力实施"规下企业上规攻坚计划""高新技术企业倍增行动计划""龙头上市企业培育计划"，

2021—2022年累计新增规上工业企业493家[①]，截至2023年6月，全市高新企业有效数达11510家、累计境内外上市公司145家。逐步完善中小企业金融服务，创新实施"蓉易贷"普惠信贷工程，做深做实"成德眉资金融顾问服务团"金融咨询服务，截至2023年6月，普惠信贷规模达到876.89亿元，累计支持4.69万户中小微企业获得贷款13.51万笔，并成功入选"2022年中国普惠金融典型案例"。"成德眉资金融顾问服务团"累计开展专场融资活动243场次，为超过1000家企业提供包括银行融资、股权投资、资本市场等内容在内的咨询服务。充分释放自主创业活力。重点支持高校毕业生等群体就业创业，2021年以来，共向5477人发放大学生创业补贴4929万元，发放创业担保贷款16.11亿元。（2）发展壮大农村集体经济。实施农村集体经济"消薄"、"强村"、项目攻坚、重点村提升四大行动，健全完善"村集体+农户"利益连接机制，截至2023年6月，全面消除集体经济零元村，实施了38个中央、省级财政扶持村集体经济发展项目，并安排市级财政专项资金1.1亿元，支持98个村集体经济组织发展特色产业项目。创新发布《成都市2022年集体经济产品机会场景清单》，发布各类机会场景清单111条，为村企搭建沟通桥梁。发挥房屋租赁和知识产权转化在促进增收方面的作用，截至2023年6月，累计盘活居民存量住房880.8万套用于住房租赁；登记全市文学、艺术、科学领域作品著作权4.1万件。

（三）再分配机制持续完善

（1）增强兜底保障能力。低收入人口常态化救助帮扶更加有力，临时救助制度进一步强化，市辖区、其他市县最低生活保障标

[①] 数据来源：《2021年成都市国民经济与社会发展统计公报》《市幸福美好生活十大工程各专项推进组2022年工作情况和2023年专项工作计划汇编》。

准分别提高到910元、860元，2021年至2023年12月中旬，累计发放特困人员供养金14.39亿元、临时救助金0.93亿元。（2）提高社会保障水平。创新建立负担可控、多方共担的罕见病用药保障机制，首批7个罕见病突破性治疗创新药品纳入保障范围，数量居全国第一。指导开展商业保险药品目录谈判，截至2022年末，特定药品数量提升至58个，适应症扩增为88个，提高全自费报销比例至25%，参保人就医个人负担平均下降29.55%。（3）加大公共服务惠民力度。加大公租房租赁补贴发放力度，2021—2022年发放公租房租赁补贴14285万元；加大困难学生教育资助力度，截至2023年6月，累计为全市129.2万人次困难学生资助约9.5亿元；持续推进"惠蓉保"试点项目，成功入选成都市"人民阅卷·十大市民点赞项目"；强化养老服务，2021—2023年，共计拨付5100万元为3万余名特殊困难老年人提供生活照料、居室保洁、精神慰藉等上门服务。

二 高品质公共服务倍增工程

（一）加快建设"家门口"好学校

（1）提升学位供给能力。出台《成都市"十四五"学前教育发展提升行动实施方案》等制度文件，2021—2022年，全市新建、改扩建幼儿园、中小学160所，项目主体完工率100%。创新长幼随学政策，获教育部分享成都经验。（2）实施优质学校培育行动。推进学前教育优质普惠发展，"十四五"以来，完成996所普惠性民办幼儿园认定，提供18.9万个普惠性学位；全市公办幼儿园在园幼儿占比达到55.81%，超过规划指标0.81个百分点；新增创建44所省示范性幼儿园，评定市一级幼儿园119所。推进义务教育优质均衡发展，实施义务教育新优质学校培育计划，"十四五"以来，培育验收义务教育阶段"新优质学校"148所。推进普通高中优质特色发展，8 所高中入选省一级示范性普通高中，18 所高中入选省二级示范性普通高中。

（二）提高健康服务水平

（1）加快医疗机构内涵提升。出台《成都市推动公立医院高质量发展实施方案》，高水平临床重点专科加快建设，已成功立项 4 个国家级临床重点专科项目、15 个省级临床重点专科项目、33 个市级临床重点专科。基层医疗卫生资源配置逐步优化，36 个县域医疗卫生次中心成功创建。（2）构建强大公共卫生体系。"十四五"前期，全市所有县级疾控机构均建成 P2 实验室，并新增 5 个"三乙"疾控机构。重大疾病综合防治能力持续加强，全市艾滋病感染者和病人抗病毒治疗覆盖率达 97.26%。（3）提升中医药综合服务能力。截至 2022 年末，全市三级甲等中医医疗机构达 16 家（含省属），数量居副省级城市首位。基层中医药服务能力不断提升，实施中医强基层"百千万"行动，组织市级中医专家团队和县级中医师到受帮扶点位开展坐诊、查房、带教、培训工作 9000 余次，服务群众 3.5 万余人次，基层中医药服务量达 56.6%。（4）加速卫生健康改革创新。

新一轮长期护理保险改革实现全年龄段全覆盖，扩大了异地待遇保障试点范围及长期照护险制度受益范围。"互联网＋医疗健康"便民服务优化完善，截至 2022 年末，已建成 192 家互联网医院。

（三）加快打造文旅设施服务体系

（1）文化地标加快建设。天府艺术公园、成都市文化新馆、成都自然博物馆、四川大学博物馆等文化地标建成并开放，成都博物馆、建川博物馆获评国家一级博物馆，三星堆—金沙遗址联合申遗正式启动，邛窑入选国家考古遗址公园。（2）文化阵地逐步夯实。到"十四五"中期，"亲民化"改造基层综合性文化服务中心 138 个，打造新时代文明实践精品范例 460 个、各类型阅读空间 414

个。(3) 加快打造文旅场景。截至"十四五"中期,成都获评首批国家文化和旅游消费示范城市,打造沉浸式文化空间60处,成功创建安仁古镇5A级旅游景区,宽窄巷子入选首批"全国示范步行街"。(4) 文化精品持续产出。成功举办"超融体——2021成都双年展""时间引力——2023成都双年展",舞剧《努力餐》获中国舞蹈最高奖。(5) 文化供给提质倍增。成功举办第八届中国成都国家非物质文化遗产节、首届中国群众文化品牌发展大会、中国音乐金钟奖、四川省首届街舞大赛、第五届至第七届成都金芙蓉音乐比赛、第八届至第十届成都创意设计周、天府文创大集市等品牌活动;举办普惠性群众文化活动13万余场次。

(四) 完善公共体育服务体系

(1) 健身设施配套更加完善。发布《"家门口"运动空间设置导则》,印发《成都市全民健身实施计划(2021—2025年)》,组织修编《成都市公共体育设施布局专项规划(2021—2035)》,"十四五"前期,累计打造社区运动角示范项目296处、天府绿道健身新空间621处,社区级智能化室外健身设施示范项目202个。(2) 加快引进培育品牌赛事。成功举办2022年世界乒乓球团体锦标赛、2022中国·成都绿道运动生活嘉年华等多项重大体育赛事和首届中国(成都)生活体育大会,成功申办第十二届世界运动会。(3) 积极拓展全民健身活动。印发《遇见"最美的运动"——2023年"爱成都·迎大运,做文明市民"全民健身专项行动方案》,以天府绿道健康行、社区运动节、乡村运动节、全民健身运动会为载体,全面提升具有成都特质的健身活动品牌影响力,"十四五"时期年均组织开展各级各类全民健身活动突破4500场次,参与人数达2000万人次。(4) 体育产业发展迈上新台阶。截至2023年6月,全市拥有体育产业法人单位8752家,规上企业412家,培育出沸彻科技、咕咚科技、劲浪体育等全国知名体育品牌，打造200多个体育消费新场景，位居全国城市前列。

三 生活成本竞争力提升工程

（一）实施舒心居住计划

（1）加大住房保障力度。加快推进保障性租赁住房项目建设，持续开展公租房动态配租工作，"十四五"前期，新筹集建设保障性租赁住房15.84万套①，动态配租公租房11047套。（2）持续提升居住品质。发布《成都市一刻钟便民生活圈行动实施方案》等政策文件，"十四五"时期，获批商务部等十一部委全国首批城市"一刻钟"便民生活圈试点。组织实施场景营城、便民攻坚、消费升级、社区双创、数字赋能、放心消费"六个行动"，高质量推进12个国家级试点社区建设，梳理发布生活成本竞争力提升工程机会清单，涉及项目156个，其中政府需求项目68个、政府供给项目26个、企业能力项目25个、企业协作项目37个。

（二）构建高品质社区服务体系

（1）场景化营造社区空间。举办两届社区商业发展大会，营造社区商业示范性消费新场景82个，建成市级示范社区美空间150个，打造出天府社创中心、知也图书馆、十二月市博物馆、白夜·花神诗空间等一批富有美学意蕴、展现城市品位等精品点位。（2）加快打造"邻里人家"综合体。发布《成都市公园社区邻里人家建设实施方案》《成都市公园社区邻里人家布局专项规划》等政策文件，其中永顺路社区综合体内置了养老、健身、餐饮、教育等功能，清河社区综合体保留烟火气，打造社区"会客

---

① 数据来源：《2021年成都市政府工作报告》《市幸福美好生活十大工程各专项推进组2022年工作情况和2023年专项工作计划汇编》《2023年专项推进组上半年完成情况和下半年工作计划汇编》。

厅"。(3) 分类型打造主题社区。

高位推进未来公园社区建设，印发《成都市未来公园社区规划导则》《成都市未来公园社区建设导则》等文件，截至2023年12月，全市持续推动首批25个未来公园社区建设，启动第二批50个未来公园社区建设，共签约149个项目，引资1925亿元，实施项目538个，完成投资1205.91亿元。

(三) 打造成都消费品牌

(1) 扩大成都质量品牌影响力。大力发展绿色消费，举办2022公园城市绿色消费促进活动，升级打造新能源汽车试驾等绿色消费场景，创建龙泉驿万达广场等3家绿色商场。以大运营城惠民为牵引，开展"活力成都"之"万千商家齐参与"系列活动，发放喜迎大运惠民消费券。着力擦亮"国际美食之都"品牌，承办商务部2023年"中华美食荟"启动仪式，同期配套举办餐饮业高质量发展论坛、中华美食市集。高质量策划"新十二月市"活动，举办"520"成都生活节，打造了"商务局长品成都"成都美食宣传IP。维护公平公正的市场秩序。持续开展产品质量监督抽查，2021—2023年，完成产品质量监督抽查12340批次，检出不合格产品675批次，不合格发现率5.5%；圆满举办"3·15"活动现场会，加强消费投诉举报处理，"十四五"前半程，全市市场监管部门依托全国12315平台接收处理消费投诉77.92万件，为消费者挽回经济损失2.59亿元。(2) 打造一流的国际化营商环境。正式上线"蓉易退"服务平台，大力营造放心舒心消费环境。积极落实国家、省、市相关纾困政策，制定《关于加快建设国际消费中心城市政策措施》《关于支持企业促消费稳外贸若干政策措施实施细则》等系列政策，推出水电气费用补贴、房租补贴、核酸检测费补贴等扶持政策，并纳入市政府出台的"助企30条""纾困10条"。

四 城市通勤效率提升工程

（一）夯实城市交通基础设施

（1）加快相关规划编制。顺利推进市级国土空间总体规划、低运量轨道交通线网规划、城市轨道交通控制线规划、轨道交通第五期建设规划、综合交通体系规划编制工作。（2）加快完善交通路网建设。"十四五"时期，中心城区成自泸高速入城段等5条骨干路网建成通车，完成羊西线、东西城市轴线（二环至五环）、天府大道北延线大运会保障段等骨干路网建设，打通市域"断头路"80条，完成井盖病害治理63279座，开工建设公共停车场45个。（3）逐渐完善慢行交通系统。2021—2022年，220公里锦江绿道基本贯通，建成社区级绿道3000余条，构建中心城区自行车道骨干道路约900公里。

（二）强化公共交通资源供给

（1）推进市域铁路公交化建设运营。推进宝成铁路改造及新建青白江至金堂县可研报批，推动市域铁路资阳S3线、成眉S5线和成德S11线3个项目建设，已封顶车站7座。（2）推进地铁线网加密延伸。推动与周边商业地上地下互联互通，截至2023年6月，已持续推进第四期8个城市轨道交通项目共计176公里续建工作，实现94座车站封顶，完成盾构掘进总量的86%、轨道铺轨总量的45%。（3）加强轨道公交网络融合。"十四五"以来，全市新开及调整接驳地铁公交线路57条，推动14条"环+射"快速公交成网。（4）提高公共交通服务水平。"十四五"时期，首推"直达车+普线"优化地铁18号线运营模式，提升了天府国际机场交通服务水平，有力保障了大运会期间城市公共交通运力。

（三）推进交通优化治理

（1）推进智慧交通系统建设。"十四五"时期，完成交通运行协调中心（TOCC）后续建设，建成智能停车管理平台和大运会智慧交通系统，启动智慧蓉城交通运输运行管理平台建设，并开展"智慧公交大脑"主体功能建设，提升交通运输、交通安全、交通执法、交通建设、交通服务五大功能。（2）科学优化交通治理。"十四五"以来，累计实施片区微循环45个，治理交通堵点74处，新增、优化314公里"绿波带"，完成6007个信号灯路口的智能化升级改造，推进信号灯联网建设，中心城区核心区已实现信号灯联网率93.9%。持续实施拥堵治理，重点路段拥堵指数明显下降。

五 城市更新和老旧小区改造提升工程

（一）推进老旧片区功能品质综合提升

（1）创新城市更新政策。围绕超大城市转型发展和城市能级提升，构建"1+N"更新政策体系，制定出台《关于进一步推进"中优"区域城市有机更新用地支持措施的通知》《关于利用存量非住宅性空闲房屋发展新产业新业态新商业相关政策的实施细则》等20余项政策，编制《成都市城市更新设计导则》等10余项技术标准，不断夯实城市更新政策制度支撑，推动城市建设发展模式由增量扩张向存量盘活提质、"留改拆"并举的有机更新模式转变。（2）打造城市有机更新示范工程。"十四五"以来，天府锦城"八街九坊十景"、市井生活圈等牵引性工程建设取得成效，成华区猛追湾片区，以策划、规划、设计、建设、运营一体化的"EPC+O"模式打造了全国性典范项目，金牛区国宾片区成功探索"征收、规划、配套、上市、运营"的"五统一"模式，天府文化公园、文殊坊等街坊街巷项目加快推进。组织开展城市有机更新"十佳案例"评选，推出锦江区四圣祠片区、青羊区少城片区、武侯区省体职院片区等一批建设践行新发展理念的公园城市示范区的标杆项目，以示范带动城市更新提质增效。

(二) 推进老旧小区硬设施软环境双提升

(1) 实施老旧小区分类改造提升工作。制定《成都市城市更新建设规划》，系统谋划推进小区、街区、社区、片区整体提升；出台《成都市城镇老旧院落（小区）改造技术导则》《成都市城镇老旧院落改造设计指引》等技术标准，按照"保安全、重基础、强完善、促提升"原则，统筹实施安全类、基础类、完善类、提升类老旧小区改造工作，将看不见的燃气、供电、排水（雨污分流）、消防等隐蔽工程纳入老旧小区优先改造，查细查实危房、燃气、内涝等安全隐患，保障"里子"工程改实改全。加大水、电、气管网改造施工统筹力度，2021—2023年，完成小区排水管网病害治理和雨污分流8066处，实施"两拆一增"点位整治3390个，协同更新小区周边燃气管网1163公里。(2) 建设全龄友好的便利舒心环境。出台文件鼓励利用小区内外闲置空间、违建腾退空间，通过"拆墙并院""金角银边""收储房屋"找空间，在小区内提供养老、托育、助餐等"足不出院"便民服务配套，让老年人住得舒心、婴幼儿托得放心、年轻人上班安心。2023年新增设老年人助餐服务点100余个，基本实现中心城区日间照料中心的全覆盖，在58个老旧社区、30余个老旧小区建设110处"社区运动角"、209处"绿道健身新空间"，配置乒乓球台等体育运动设施和全民健身器材300余套，举办20余场国球进社区联赛活动，惠及居民22万户。

(三) 推进各方主体共建共治共享

(1) 推动老旧社区"微更新"。优化社区党群服务中心服务功能，制定"家门口"政务服务、便民服务清单，整合利用小区、社区空间资源，推进空间微营造、社区微更新、小区微治理，同步提升"智慧治理"水平，截至2023年末，全市连续开展4届[①]社区微

[①] 2019年开始举办第一届。

更新竞赛活动,实施社区微更新项目 690 个。(2) 探索信托制物业服务模式。全市通过信托制物业、共享管家等多种形式完善老旧小区物业管理服务,已改造小区实现物业管理服务 100% 覆盖,2021—2023 年,全市累计推进信托制服务小区 277 个,涌现出小关庙社区"集火实验室"、曹家巷"地瓜"社区等国内具有影响力的优秀案例,全市小区矛盾下降率达 95%。

六　生态惠民示范工程

(一) 不断巩固生态屏障功能

(1) 推进龙泉山森林城市建设。深入推进"增绿增景、减人减房",实施国家储备林和高质量国家国土绿化试点示范项目,截至 2023 年 6 月,龙泉山城市森林公园累计完成增绿增景 23.36 万亩。(2) 推进大熊猫国家公园建设。大熊猫国家公园成都管理分局、管护总站和管护站等机构实体化运行,截至 2023 年 6 月,全市累计修复大熊猫栖息地 11 万亩,推动退出矿业权 31 宗、小水电 36 座,白鹤滩湿地成功创建国家湿地公园。(3) 推进天府绿道体系建设。积极推进天府绿道"结链成网",截至 2023 年 12 月,全市累计建成各级绿道 7344 公里,建成"回家的路(上班的路)"社区绿道 4000 余条,城市居住用地绿道一公里半径覆盖率达 95.88%。(4) 推进环城生态公园建设。截至 2023 年 12 月,全市 100 公里一级绿道(含 78 座跨线桥梁)已全线贯通,累计建成特色园 19 个、林盘 61 个、文化设施 106 处、体育设施 387 处,组织开展"绕城绿道 100 公里骑行"等主题活动 540 余场次。

(二) 加快打造公园城市先行区

(1) 加快公园城市建设。实施"百个公园"示范工程,到 2023 年 6 月,累计建成天府艺术公园、东安湖体育公园等"百个公园"示范工程项目 110 个,新增公园面积 4.3 万亩;加快"口袋公园"建设,全市累计建成"口袋公园"130余个,面积达120万平方米,为打造星罗棋布、全民共享的城市公园提供有力保障;实施"金角银边"点位建设,在永丰立交、双桥子立交、营门口立交、日月大道块状绿地开展"金角银边"业态场景植入试点示范,引导中心城区实施"金角银边"点位建设632个。(2)发布生态惠民场景清单。积极发布生态惠民示新场景,包装策划"生态惠民新场景Top100"品牌,持续开展区(市)县示范试点,白沫江水美乡村生态综合治理项目获批开展全国生态环境导向的开发(EOD)模式试点,邛崃市、大邑县成功入选四川省生态产品价值实现机制试点,崇州市初步完成生态产品总值(GEP)试算。

(三)深入推进污染防治攻坚

(1)推进大气污染综合治理。着力深化臭氧和$PM_{2.5}$防治、工业源污染防治、移动源污染防治等工作,出台《成都市大气污染防治条例》,落实"构建污染防治攻坚'1+12'政策体系"要求,印发《成都市深入打好重污染天气消除、臭氧污染防治和移动源污染治理攻坚战实施方案》,率先在国内建设道路交通空气质量监测站,再现"窗含西岭千秋雪"盛景。(2)推进流域生态环境综合治理。九道堰河流域治理中探索出的创新思路荣获"2021年中国大坝工程学会科技进步奖二等奖"。实施饮用水水源地建设与保护,推进锦江流域控源治污、支流"消V"和净水能力攻坚专项行动,严格落实饮用水水源的监测和监管,城镇集中式饮用水水源地水质达标率达到100%。打好重点流域污染防治攻坚战,市控及以上地表水断面水质优良比例达100%。深化水生态系统保护修复,"十四五"以来,累计新增水土流失治理面积134平方公里,建成天府蓝网220公里,管护湿地面积2300余公顷,推动11条(座)美丽幸福河湖建设。(3)推进"无废城市"建设。获批国家"无废城市"试点和废旧物资循环利用体系建设重点城市。扎实推进城市生活垃圾分类，截至2023年12月，生活垃圾回收利用率达42%。（4）推进绿色低碳转型。新能源相关产业发展稳步推进，"十四五"前期，全市新能源汽车新增超过38万辆，累计建设充电桩17万个。"碳惠天府"机制建设不断深化，截至2023年12月，全市累计上线公众碳积分场景26个、低碳消费场景74个，用户数已突破240万人。

七 稳定公平可及营商环境建设工程

（一）营造良好的营商环境

（1）落实营商环境优化政策。持续推出营商环境政策体系1.0版至5.0版，5.0版政策于2023年1月30日起正式施行，从便捷准入退出、便利投资建设、升级产业服务等十大方面提出了39项改革举措，涉及95个具体改革点位，截至2023年11月，各级各部门共计出台100余个配套细则，除需持续推进的29项为长期改革举措外，其余66项年度改革举措已完成56项，完成率达84.85%。同时，以"助推企业高质量发展"为主题，加快研究制定营商环境6.0版政策，提出100项改革举措。开展协同立法先行先试，《成都市优化营商环境条例》提出成、德、眉、资四市采用"决定+条例"模式，共同推进优化区域营商环境，该政策已于2023年1月起实施。（2）创新推出城市机会清单。"十四五"时期，全市累计发布4批次"城市机会清单"1700余条供需信息，获批创建全国首批"民营经济示范城市"。切实加强知识产权保护，获批建设中国（成都）知识产权保护中心、国家知识产权强市建设示范城市。

（二）优化12345"亲""清"在线平台

（1）完善"蓉易办"智能客服系统。提供线上"你问我答"

智能咨询服务，实现企业群众办事智能搜索、连续追问、智能问答的个性化咨询，"十四五"时期，在库知识增加到11.5万余条，问题回答率达93.22%、问题解决率超过90%。（2）深化"蓉易享"平台建设应用。印发平台管理实施细则等制度，进一步厘清各级各部门的工作职责；会同市级部门以及区（市）县开展惠企政策梳理工作，按照"应上尽上"的原则，推动各级各部门政策文件和申报事项汇聚上线，截至2023年12月，平台共汇聚394余万家企业基本数据，形成企业标签221项，现存有效政策文件1918件，累计上线可申报事项1604条，超过14500家企业通过平台进行申报。"蓉易见"实现政企互动"零距离"。建立并完善常态化、制度化的线下政企沟通交流机制，各级各部门通过政企座谈会、政企咖啡时、政企早餐会等形式，"面对面"解决企业面临的各种问题，2023年以来，共组织1.2万家企业开展线下活动2068场次，收集反映的问题建议达2053条，解决问题1936个。（3）"12345助企热线"推动企业诉求有效解决。设立企业服务接听专席15个、服务企业专员48位，在全国首创"12345热线企业诉求提速处置专班"，优化"专席、专员、专班"三专服务机制，完善企业诉求提速提级处置全流程、闭环式工作机制，对企业诉求开展全量提速提级处置、全流程跟踪回访、多维度数据分析，着力解决好企业的急难愁盼问题。2023年，共计受理企业诉求10.5万件，提速处置1万余件，诉求解决率和服务满意率均达97%以上，专班提速提级处置1.1万件，企业诉求解决率和满意率均达97%以上。

八 青年创新创业就业筑梦工程

（一）加强创新创业平台支撑

（1）推动创新平台"国家队"建设。加快用好和建设大科学装置，"十四五"以来，积极促进新一代人造太阳"中国环流三号"（HL-3）、转化医学重大科学基础设施（四川）等2个重大科技基础设施更好发挥作用；推进跨尺度矢量光场时空调控验证装置、多态耦合轨道交通动模试验平台、柔性基底微纳结构成像系统研究装置、红外太赫兹自由电子激光装置等4个重大科学基础设施加快建设。全力保障国家实验室建设，"十四五"前半程，揭牌成渝（兴隆湖）综合性科学中心，新增5家在蓉国家重点实验室进入全国重组序列，累计达7家，天府兴隆湖实验室、天府永兴实验室、天府绛溪实验室、天府锦城实验室4个方向天府实验室加快实体化运营。推进国家级创新平台建设，获批建设国家精准医学产业创新中心、国家超高清视频产业创新中心、同位素及药物国家工程研究中心、生物靶向药物国家工程研究中心等国家级创新平台，"十四五"以来，全市新增国家级重大科技创新平台7个。（2）推进科研仪器、设备共享。支持在蓉高校、科研院所和企业实验室的大型科研仪器设备、工业设备面向社会开放，截至2023年6月，全市共有科研仪器3000[①]余台可供共享，科研仪器设备开放率达71%。（3）加快建设校院企地协同创新平台。与北京大学等高校签署市校战略合作协议，推动北大成都前沿交叉生物技术研究院、西电网络安全研究院等院所在蓉落地建设，截至2023年6月，院所共建新型研发机构增至17家。（4）加快建设创新创业载体。截至2023年末，全市累计建设国家级"双创"载体76家，"双创"载体面积达880万平方米。

（二）加强创新创业机会供给

（1）拓宽青年就业渠道。积极发布博士后需求清单、天府实验室"张榜揽才"榜单等人才榜单，引育一批博士后、高层次人才。持续开展"蓉漂人才荟"等人才招引活动，鼓励高校大学生来蓉留

[①] 数据来源：四川省大型科研仪器与工业设备共享平台。

蓉发展，连续4年荣获"中国最佳引才城市"和"魅力中国—外籍人才眼中最具吸引力的中国城市"。（2）强化青年就业技能培训。优化提升"蓉漂"人才发展学院，着力培养跨界融合、面向未来的复合型人才，截至2023年6月，全市累计建立478个市级以上人才培育载体，培育50万人次。（3）引导青年精准就业。连续5年发布《成都市人才开发指引》，聚焦重点产业链，梳理500余类人才需求清单，精确到岗位引进急需人才，引导青年向现代化产业体系加速会聚。

（三）深化创新创业服务保障

（1）搭建人才就业服务平台。建设成都市智慧人才服务平台，推动实现从"人才找政策"到"政策找人才"转变，精准匹配国家、省、市人才政策。建设"蓉漂人才公园"，提升人才荣誉感、归属感，推动构建青年人才永久性激励阵地。完善青年人才驿站服务机制，截至2023年6月，累计为超8万名来蓉求职青年提供服务。（2）促进人才情感交流。积极构建"旗舰店—社区店—共营店"三级服务终端体系，在全城范围布局"15分钟青年社交圈"，截至2023年6月，全市累计建设"青年之家"社交空间1387个、开展青年社交活动达4.15万场次。（3）加强人才安居保障。印发《成都市进一步加强人才安居的若干政策措施》等文件，着力为人才营造无后顾之忧的创新创业就业环境，"十四五"以来，全市新筹建人才公寓3.9万套，累计达9.9万套。（4）加强企业创业金融支持。推出"科创贷"金融产品，重点解决"高科技、高风险、轻资产、无抵押物"的科技型中小企业贷款难问题，截至2023年12月，科创贷累计放款328.56亿元、惠及企业3404家。积极组建天使投资子基金，截至2023年12月，全市天使子基金总数累计达30只，总规模增至58.21亿元。

九 智慧韧性安全城市建设工程

(一) 提升城市"智慧"水平

(1) 推进智慧蓉城建设。建成市级物联感知平台,从公共安全、公共管理、公共服务等维度感知社会风险。建成城市信息模型 (CIM) 平台,初步形成全市时空数据基础底座,截至2023年6月,市级各部门和区(市)县累计调用地图服务5.43亿次,"智慧蓉城·微网实格"社会治理平台驾驶舱、管理端、市民应用端在全市推广应用,全市荣获"2021世界智慧城市大奖"中国区的"宜居和包容大奖"。(2) 推进城市大脑建设。进一步完善"城市大脑"总体构架,丰富"城市大脑"功能,积极构建城市运行态势一张图,为实现各相关领域信息系统互联互通、数据资源整合公用、态势趋势关联分析提供技术支撑。完善市级共享平台,日均交换数据1亿余条,有效支撑大运会、随迁子女入学等380余项场景应用。推动公共数据开放,优化开放平台功能,57个市级单位和23个区(市)县向社会开放数据3亿条。(3) 完善城市安全风险综合监测预警平台建设。构建"地上地下"立体化城市安全感知网和"1+5+2"模块化智慧应急指挥应用,覆盖城市生命线、公共安全、生产安全、自然灾害四大板块,基本实现"能监测、会预警、快处置",截至2023年末,城市安全风险综合监测预警平台累计对接联通全市60余个行业部门273个政务系统,日均交换数据3600万条,被国务院确定为国家安全风险综合监测预警体系建设试点城市。

(二) 提升城市"韧性"安全度

(1) 加强全市各类管线安全隐患排查。截至2023年末,全市累计完成793公里燃气管线改造和598项配电网改造任务,实现二环内638.2公里燃气管线、420.8公里供排水管线、绕城内23座重点桥梁及14万平方米人员密集场所等高风险领域智慧防控。（2）推进重大地质灾害隐患排查治理。2021年1月至2023年6月，累计开展23轮地质灾害隐患排查、排查复核地质灾害隐患点位4.7万余次。（3）建强消防救援队伍。截至2023年底，全市建成18座消防救援站，完成3个Ⅰ级应急避难场所建设，切实提升辖区灾害防御和应急救援综合能力。（4）防范化解社会突出矛盾风险。狠抓社会治安，严厉打击各类违法犯罪，全市违法犯罪警情、刑事案件立案数同比下降。持续打击治理电信网络诈骗犯罪，截至2023年6月，累计研判发送预警劝阻信息350万条，全市电诈立案同比下降4.6%。（5）积极回应市民关切。确保把每一件民生实事都做到市民心坎儿上，群众规模集访大幅下降。

十 全龄友好包容社会营建工程

（一）促进儿童健康发展

（1）夯实儿童友好发展公共基础。着力推进儿童友好医院、儿童友好学校、儿童友好公园、儿童友好图书馆建设，组织开展儿童友好社区评审等工作。大力推进普惠托育服务体系建设，全面推行托育机构健康管理员制度，促进医育结合，出台"一老一小"整体解决方案，实施普惠托育民生实事项目104个，新增普惠托位7848个，开展普惠性托育机构认定工作，落实托位补贴，累计创建市级示范性托育机构58家（新增16家），成功创建首批全国婴幼儿照护服务示范城市，截至2023年12月，全市托育服务机构累计达1859家，每千人口托位数4.4个。（2）健全未成年人保护服务体系。着力推进四级未成年人保护工作网络建设，截至2023年12月，全市累计建成市级未成年人救助保护中心1个、区（市）县未成年人救助保护中心23个、镇（街道）未成年人保护工作站261个，实现（市）县未成年人保护中心、镇（街道）未成年保护人站全覆盖，建成村（社区）未成年人保护中心 2722 个。

（二）全方位提升养老服务水平

（1）完善基本养老服务制度。发布《成都市基本养老服务清单》，推动基本养老服务清单内容纳入基本公共服务范畴，明确养老基本公共服务项目的服务对象、服务内容、服务标准、牵头单位及支出责任。印发《关于加快推进养老服务发展的若干措施》等文件，完善养老服务事业发展制度体系。（2）推动普惠性非基本公共服务供给。激发社会力量投资养老服务领域活力，提升养老服务多元供给，截至 2023 年 6 月，全市共有养老机构 597 家，其中公办 175 家、民办 422 家，民办养老机构占比达到 70.69%。积极实施普惠养老城企联动专项行动，合理规划建设养老基本公共服务设施，加快补齐养老基本公共服务短板，不断提高养老基本公共服务的可及性和便利性，"十四五"以来，全市已有 7 个项目获国家发改委批复，完成近 70 个社区养老服务综合体建设，累计新增普惠型养老床位 5304 张，成为全国首批居家和社区基本养老服务提升行动项目地区。（3）优化社区养老服务设施网络。加快构建"15 分钟养老服务圈"，截至 2023 年 12 月，建成社区养老服务综合体 115 个，社区养老院 239 家，社区日间照料中心 2769 个，老年人助餐点 618 个，镇（街道）范围具备综合功能的养老服务机构覆盖率达到 86%；城市社区养老服务设施实现全覆盖，农村社区养老服务设施覆盖率达 95%。

（三）健全特殊群体关爱服务体系

（1）提升残疾人综合服务水平。"十四五"以来，已为 3.11 万名残疾人提供了辅具需求评估、适配辅具、适应性训练等服务，有辅具需求残疾人的基本型辅具适配服务覆盖率超过 99%。优化残疾人托养服务，截至 2023 年 12 月，全市通过多种形式建成寄宿制托养机构 33 家、日间照料机构 64 家，就近就便为残疾人提供托养及辅助性就业、康复、培训、文化体育、维权等常态化综合性服务。（2）开展残疾人就业帮扶。对就业困难残疾人员开展"1311"就业帮扶①，"十四五"以来，全市累计开展776场次残疾人就业招聘活动，累计提供21870个就业岗位，累计发放残疾人灵活就业补贴、自主创业补贴等各类补贴2187.54万元，惠及各类残疾就业困难人员2.187万人。（3）开展残疾儿童康复救助服务。截至2023年12月，全市确定残疾儿童康复救助定点服务机构133家，为残疾儿童提供康复救助服务，累计发放康复补贴3.01亿元。（4）大力发展公益慈善事业。着力打造慈善示范社区（村）和慈善场景，建设慈善展示基地、慈善示范社区，依托公园、街区等公共场所，"十四五"以来，共打造慈善示范社区（村）项目、慈善场景155个，设立社区基金1200余只。（5）加强社工站和志愿服务平台建设。截至2023年末，全市共计注册社工机构1074家，实现区（市）县、镇（街道）社工站全覆盖，全市搭建起"中心—所—站"三级志愿服务体系。

十一　结语

实施幸福美好生活十大工程是践行"人民城市"的重要理念，确保发展为民惠民、推动政府和广大市民相向而行的应有之举，也是推动发展型政府向服务型政府转变，强化政府公共服务职能的主动之举；是聚焦广大市民和市场经营主体的生产生活需求，满足人民对美好生活的向往的民心工程和暖心工程，推动城市高质量发展的系统性牵引工程，增强城市综合竞争力的夯基工程。快速发展必然带来社会分化，而完善的现代公共服务体系是保障人民共享改革发展成果的普惠性制度安排，不会因个人购买力差异而被排斥在基

---

① 即1次个性化就业指导、3次岗位推荐、1次免费就业培训、1次托底安置。

础性的公共服务项目外。"幸福美好生活十大工程"涉及日常生产生活的方方面面,既有市民最关注的就业收入和日常交通出行,也包括被誉为"新三座大山"的教育、医疗和住房,更有对"一老一小"和特殊群体的系统性服务;在生产方面,除了重点培育青年群体创新创业环境外,还致力于进一步打造优化公平可及的营商环境,让广大市场主体可以安心经营。当然,一座城市的吸引力还离不开宜人的生态环境和现代化的城市治理,所以成都坚持以公园城市示范区为统揽,将生态惠民和智慧城市建设作为幸福美好生活的支撑和保障。不确定性是现代社会中的人们焦虑的重要原因,"幸福美好生活十大工程"通过对与日常生活息息相关的各领域的规划发展和持续投入,在很大程度上强化了市民对未来生活的预期肯定性,将有利于增强市民的获得感、幸福感和安全感。

附件二

成都市公共服务发展案例选编

案例1：多措并举促就业稳就业的青羊探索

近年来，成都始终把稳就业保就业作为社会发展的优先目标，完善就业支持政策体系，健全经济发展与扩大就业联动机制，千方百计促就业稳就业。2023年，全市城镇新增就业26.44万人、失业人员再就业10.11万人、就业困难人员实现就业1.78万人。[①] 由于引才和就业形势良好，在由智联招聘、北京大学社会调查研究中心、北京大学国家发展研究院等多家专业机构参与组织的2023"中国年度最佳雇主"评选活动中，成都连续五年获评2023"中国最佳引才城市"和"中国最佳促进就业城市"。[②] 在这一大背景下，成都市青羊区在政策驱动、援企稳岗等方面持续用力，探索基层公共就业服务新实践。

[①] 《2023年成都城镇新增就业26.44万人》，《成都日报》2024年1月7日。
[②] 《成都获评年度最佳引才城市、最佳促进就业城市》，《成都日报》2023年12月16日。

一 主要做法[①]

（一）坚持公共就业服务和市场化服务并重

一是形成"一套机制"，即成立28个区级部门组成的就业工作领导小组，建立灵活从业人员服务管理工作联席会议制度，成立就业服务工作专班，加强政策、资源、信息整合，不定期召开稳就业工作推进会，形成党委政府主导、人社部门牵头、相关部门配合的工作格局。二是建立"两张清单"，即实施人力资源精准对接服务试点，建立岗位需求、就业供给"两张清单"，筹集发布用工岗位2.3万个，开展重点企业"上门问诊""上门问需"服务活动。三是推动"三方联动"，即吸纳辖区优秀重点用工企业、人力资源服务机构、职业技能培训机构建立"就业服务联盟"，发挥政府、市场、机构等三方联动作用，为用工方、求职者搭建高效便捷求职用工平台，开展"百日万企高校毕业生招聘""蓉耀·数字人才专场招聘"等各类招聘活动。

（二）坚持服务市场主体和服务重点群体双向发力

一是加强政策扶持。制定稳就业保就业"1+3"工作方案及责任清单，分解下达减负纾困稳市场主体、保重点群体就业、强化企业用工服务保障等121条具体举措。出台入职培训补贴和创业担保贷款贴息等就业政策，对招录新员工的参保企业给予100元/人入职培训补贴，对符合条件的小微企业给予最高4%的创业担保贷款贴息。二是优化经办流程。推进"一网通办""只进一扇门""最多跑一次"改革，上线就业服务信息管理系统V3.0，全面整合就业岗位、技能培训、创业帮扶等公共就业服务资源，实现基础数据信息化、业务经办精细化、过程管理规范化。落实失业保险稳岗返

[①] 相关资料来源于青羊区调研搜集材料。

还政策，采取"免申即享"方式发放稳岗返还补贴。三是优化就业环境。做好失业动态监测、就业跟踪帮扶等服务，同时着力构建"一站式"劳动纠纷多元化解新形态，整合区仲裁院、劳动保障监察大队、法院巡回法庭、法律援助中心、女职工维权中心等资源，联合设立调解室、仲裁庭、巡回法庭、法律援助站、律师会客室，打破以往各单位"单兵作战"的局限，为劳动争议纠纷提供"一站式"管理、"一窗式"办理、"一条龙"处理，推动劳动者合法权益得到高效维权保障。

(三) 坚持夯实服务基础与双管齐下创新服务模式

一是加强技能人才培育。充分发挥高技能人才项目示范作用，大力开展高技能人才培训，建成国家、省、市级技能大师工作室23个、高技能人才培训基地3个。二是拓展人力资源服务。发挥联盟组织牵引作用，建立四川残疾人才就业服务总部基地、退役军人人力资源服务中心、退役军人就业创业孵化基地等3个专业特色服务机构，针对重点群体常态化提供就业招聘、技能培训和职业指导服务。设立"职业指导工作室"，针对高校毕业生职业选择等内容开展职业指导。三是打造特色就业创业阵地。采取"政府搭平台、市场唱主角"方式，指导引进集培训、就业、创业服务为一体的特色项目，建成"中国西部家政服务产业园"、"蓉耀·风华里"蓉漂主题街区等就业创业载体。开展创业示范社区建设，择优选定宽巷子社区、清水河社区等点位进行重点打造，为创业者培填新的基层创业空间。

(四) 创设"劳动普法服务工作站"促进新就业群体的引导凝聚

服务新业态发展，2022年3月在全市率先设立新就业形态领域"劳动普法服务工作站"，着力为新就业形态从业人员解决后顾之忧、回应发展之盼。一是成立由区人社局主要负责人牵头的新就业形态服务专班和党员先锋队,通过集中走访、"政策敲门",及时掌握新业态企业和新就业群体各类需求,制定新就业从业人员关爱清单,率先推出"新就业群体金融绿通""劳动维权绿色通道"等。二是着力促进新就业群体素质跃升。开展数字经济、流量经济、共享经济、创意经济企业职工技术技能提升定制培训,符合条件的给予培训补贴。结合"八五"普法工作,引导平台企业积极履行社会责任,自觉维护劳动者合法权益;引导劳动者爱岗敬业,以理性合法方式表达诉求,营造共同关心关爱新就业形态劳动者良好氛围。三是开设新形态的特色服务。考虑到新就业形态从业人员大多工作在"云"上、"奔跑"在路上的职业特性,工作站打造网上活动阵地,开设了普法直播间、律师顾问团、微信云课堂等项目,人性化满足从业人员的咨询需要。特别是针对反映较为集中的停车分拣难、配送入户难、歇脚就餐难等问题,联合区总工会打造服务站点、职工驿站。

二 取得成效

(一)搭建形成集就业岗位发布、就业政策宣传、人力资源共享、公共服务互通等功能为一体的就业服务平台

截至 2023 年 12 月,青羊区就业服务联盟已扩大到 42 家,开展"上门问诊""上门问需"活动 16 场次,成员单位积极参与各类线上线下招聘活动 215 场次,提供岗位 15.3 万个。

(二)形成契合市场需求的系列特色就业培训品牌并推动公共就业服务广覆盖

围绕"人文青羊·航空新城"产业发展需求,打造"青羊航空工匠""青羊匠心服务""青羊金牌人力""青羊文创精英""青羊星新养护"等特色劳务品牌,推动区域劳务品牌向价值链高端延伸。开设的劳务品牌培训、创业培训等培训课程,覆盖了辖区群众和进城务工人员。

（三）建构形成"15分钟基层公共就业服务圈"促进就业精准服务

有17项就业服务事项延伸到街道社区，形成区、街道、社区三级公共就业服务矩阵，建立重点企业用工保障"一对一"联络和24小时调度机制，对就业困难人员开展"1311"就业援助服务，开展高校毕业生专场招聘活动，发放社保补贴、岗位补贴等，促进针对高校毕业生、就业困难人员等重点群体的就业帮扶。

（四）推动针对新就业群体的思想引导和凝聚服务

通过新就业形态服务专班以及绿色通道，切实帮助解决新就业群体反映的部分问题，推动职业伤害保险缴纳、纠纷协商调处等关爱举措落实。打造提升成都人力资源服务产业园职工之家、青羊区网约车司机之家等服务站点，新建职工驿站，全力提升新就业形态从业人员工作安全性和便捷性。相关工作被《人民日报》新媒体平台、《四川劳动保障》、《新青羊》等媒体采编报道，入选市域社会治理创新项目。

三　亮点评析

就业联系着万千群众生计与城市经济社会发展，是民生之本、发展之基。正因为如此，中央多次强调就业在经济发展和保障民生中的重要性，提出要"突出就业优先导向，确保重点群体就业稳定"。在当前经济发展处于"三期叠加"阶段的背景下，劳动力就业压力明显增大，而且还面临着就业供给与需求错位的结构性矛盾。这一难题的破解，需要将市场调节与政府引导结合起来，既充分发挥市场资源配置的优势，同时发挥政府有效弥补"市场失灵"缺陷的优势，促进和实现充分就业。青羊区对于公共就业服务的相关探索，实际上就是努力将政府引导和市场机制结合起来，从而推动和实现稳就业保就业的目标。其很多举措可圈可点，体现了政府在完善就业机制中的几个重要着力点。

一是出政策搭平台建机制。政府引导推动就业，就是要发挥政府掌握公共服务平台和资源的力量，建构完善的就业服务支持体系。首先，要结合城市产业发展方向出台一揽子关于促进就业帮扶和就业培训的公共政策，以政府政策撬动就业意愿和引导就业方向。其次，尽可能广泛地联动政府部门、企业以及相关机构等多方资源力量，通过搭建线上线下的公共就业服务平台、充分调查就业创业的市场需求、建立健全失业监测预警体系、建立健全就业形势分析研判制度和常态化发布制度等，为在地居民提供全面丰富的就业服务信息，为企业、用人单位以及劳动者提供双向沟通选择的桥梁。

二是加强重点群体就业帮扶。政府引导推动就业，需要在市场难以发挥作用的领域着力。从就业群体来看，大学生、农民工、退役军人、残疾人等重点群体的就业与社会稳定的关联度更大，纯粹靠市场机制是难以解决的，需要政府予以重点关注和帮扶。成都青羊区的探索对此的启示是，可以通过加大针对性的劳动者技能就业培训力度、健全常态化的困难人员就业援助帮扶长效机制、建设就业示范社区、扩大基层公益性岗位安置，以及建立专业特色服务机构，针对重点群体常态化提供就业招聘、职业指导服务等方式，增强社会吸纳就业能力，为重点群体提供更高质量的就业帮扶。此外，对于经济新形态所带来的新就业群体，也要通过政策支持、培训和富有特色的服务方式，促进新形态就业的同时，增强这部分就业者对城市发展的认同。

三是规范就业市场运行秩序。鉴于市场调节就业具有自发性和强烈利益驱动性的特点，需要政府在规范市场秩序和优化就业环境方面发挥作用。为此，政府要加强劳动监察，健全劳动者权益维护机制，对于用人单位拖欠工资、非法用工等进行专项整治，建立健全劳动纠纷"一站式"调解机制，为广大劳动者提供便捷高效维护合法权益的通道，从而建构形成和谐的劳动关系，为城市经济发展和社会稳定提供有力保障。

案例2：医疗和养老相结合的成华样本

"十三五"时期，成都培育形成医养结合机构108家，医养结合机构床位总数30332张，医养康养融合进一步发展。但医养结合机构和床位总量尚不充足，还不能充分满足人民群众对医养结合服务的需求。拟通过医养结合能力提升专项行动，于"十四五"末实现养老机构护理型床位占比由2020年的35%提高至60%[1]。在这一大背景下，成华区扎实推进全国首个医养联合基本公共服务标准化专项试点，以"医养联合、标准赋能"的创新实践，无缝衔接养老服务和医疗服务，截至2022年底，成华区共计建设和引入医养结合定点服务机构24个，65岁以上老年人医养结合服务率达100%[2]，老年人充分享受到优质、便捷、高效的医养服务，一定程度上实现了"有病治病、无病疗养"的目标。成华医养结合模式的做法、成效、亮点如下。

一 主要做法

（一）调研区老龄化现状，了解群众养老需求

调研发现，成华区常住人口超过138.19万，60岁及以上人口

---

[1] 数据来自成都市人民政府官网《成都市"十四五"养老服务业发展规划》，https://www.chengdu.gov.cn/gkml/uploadfiles/070312020201/2021122111215578.pdf。

[2] 数据来自成华区人民政府官网《我区国家基本公共服务标准化医养联合专项试点通过验收》，https://www.chenghua.gov.cn/chqrmzfw/c143758/2023-03/16/content_8ba2c3dc5602470eb2847fae3567bfae.shtml。

占 22.52%，老年人患病率高、慢病多，65 岁以上老年人中失能、失智、半失能的达 13%[①]，老年人健康服务需求和生活照料需求叠加。然而，医疗机构"养"的空间不大，养老机构"医"的保障不够，导致生病老人需要在家庭、医院、养老机构之间往返跑路，群众迫切期望养老和医疗服务能"一站式"解决。

（二）回应群众对医养结合的需求，确定"标准化赋能医养融合"的发展思路

针对群众期望能享受到"一站式"的医养服务的诉求，确定从医养服务供给侧发力，对供需错配的供给端进行改革，即对医养融合服务的供给进行标准化建设，推动标准化助力医养服务融合升级发展迈上快车道。简言之，针对诉求，确定了构建一套成华区医养领域基本公共服务标准体系的发展思路。

（三）牵头省市医养领域行业标准制定，构建区医养服务标准体系

牵头制定四川省《失能老人健康管理服务规范》《医养结合机构服务标准》《医养结合服务质量评价标准》以及成都市《失能照护需求综合评估标准》等标准文件。制定涵盖健康档案管理、医疗保险服务、养老保险服务、老年人福利补贴、住餐服务、医养机构签约、长护险服务等标准 299 项，构建与国家、四川省、成都市医养基本公共服务政策协调配套的新型医养联合服务标准体系。

（四）增设医养床位设施，构建医养服务新体系

大力实施养老服务设施攻坚行动，建立"区属公立医院为龙头、社区卫生服务中心为网底、社会医养服务资源为补充"的三级医养服务体系。在区中医医院内设"康穗养老中心"，设置 300 余个分区分类、动态转换床位，突出单医、专养、健养功能开展中西医融合服务；以社区卫生服务中心为主体，整合社区微型养老机

---

① 数据来自内部资料《成都幸福美好生活年度报告（2022）》。

构、日间照料中心资源，做实家庭医生签约服务，设置老年人心理健康关爱点，全程专人管护有医养需求的老年人；将医养服务功能引入龙湖地产椿山万树等新建综合体，布局医养服务连锁经营产业；将护理站吸纳进社区党建共建圈；发展智慧养老"互联网＋"医养服务。

（五）建设医疗护理人才培训基地，开展医养人才实训

建设全国老年医学人才培训项目省级培训基地、国家首批医疗护理员专项能力培训实践基地、教育部健康养老大数据应用创新中心智慧医养应用示范基地、四川省老龄健康发展中心医养孵化基地等；与成都医学院等建立"产教研融合基地"，开展老年健康相关领域人才培育，主编发行的《医养结合服务应用实践》被指定为四川"创建全国医养结合示范省培训教材"，并被省内多所高校采用作为相关专业的授课教材。

（六）出台一揽子保障政策，推动一系列对应改革

整合碎片化的医养服务政策，将医养结合纳入成华区经济社会发展总体规划，出台《成华区全国医养结合示范区创建方案》与《公共配套养老服务设施公建民营管理办法》等"1＋N"文件；整合卫健、民政、医保、人社、市场监管、建设等部门力量，梳理形成《成华区医养领域基本公共服务事项清单》，明晰医养结合型养老机构的服务性质、主体、对象和范围，激活社会力量投资养老服务，健全医养服务综合监管制度，落实各项优惠政策，为全面提升医养服务水平保驾护航。

二　工作成效

（一）医养结合服务供给总量增加，"一站式"养老服务需求得到较好满足

"公立＋社区＋社会"三级医养结合服务体系，包含了7家医

养结合机构、42家养老服务组织、8处社区医养综合体、105处日照中心、47处助餐点位，培育养老机构30个、长护险上门服务机构7家[1]，引进了"华润熙悦里"等品牌企业入驻，能为全区老人提供从"基础医疗+急症处理"到"基础护理+专科护理"，到"慢病康复+精神抚慰"，到"生活照护+文娱支持"，再到"长期照护+安宁疗护"的"一站式"医养服务，免除了老年人来回奔波之苦。

（二）三级分类医养服务凸显普惠底色，减轻了群众的经济负担

区属公立医院设置医养床位600张[2]，在服务项目、服务价格、服务方式的制定上以亲民、利民为导向，满足了失能老人"离家近、价格低、医疗及照料有保障"的"筑底"需求；社区卫生服务中心提供居家上门医疗服务，为65岁以上老人开展健康体检，建立健康管理档案，保障了养老公共服务覆盖扩面需求；引入华润熙悦里、龙湖椿山万树、上海爱照护等大型品牌企业，以社会优质医养资源满足社会养老个性化、品质化需求，解决医养"提质"问题；积极开展彩票公益金支持居家行动，减轻了老年人家庭经济负担和照护压力，避免了"老人失能，全家失衡"的窘境。

（三）形成一套可复制的服务标准，为探索医养服务标准化贡献了先行经验

通过明晰医养结合型养老机构服务性质、服务主体、服务对象和服务范围，对标新建、扩建等方式推进服务设施建设，加强从业人员标准化技能培训，开展服务满意度测评活动，成华区构建起包含通用基础、服务提供、服务资源、运行管理四部分在内的医养联

---

[1] 数据来自内部资料《成都幸福美好生活年度报告（2022）》。
[2] 数据来自网易《医养联合，标准赋能！成都成华区积极构建养老服务新格局｜医疗服务》，https://www.163.com/dy/article/GUO4V9MG053916BX.html。

合基本公共服务标准体系，该体系既有区域特色，又能在不同医养机构使用，能指导医养服务"怎么干"、业绩"如何评"，实现了"服务标准规范化、服务模式统一化、服务内容量化"。为此，成华区先后获评"首批全国健康促进区""全国智慧健康养老示范基地""全国示范性老年友好型社区"等一系列荣誉。

三 亮点评析

党的十八大以来，习近平总书记作出一系列重要指示，规划部署国家老龄事业发展和养老体系建设，指出要"让所有老年人都能有一个幸福美满的晚年"。党的十九大报告提出，要"积极应对人口老龄化，构建养老、孝老、敬老政策体系和社会环境，推进医养结合，加快老龄事业和产业发展"。2019年、2022年，国家卫健委等多个部门分别联合发布了《关于深入推进医养结合发展的若干意见》和《关于进一步推进医养结合发展的指导意见》，为推动医养结合高质量发展提供了重要指引。成华区深入落实积极应对人口老龄化国家战略，以医养服务供给侧改革为主线，以基本公共服务标准化专项试点建设为契机，建立健全了集"政策、标准、供给、服务"为一体的医养基本公共服务标准体系，以标准化促进基本公共服务均等化、普惠化、便捷化，探索出一条医养服务融合增效的新路径，为国家医养基本公共服务顶层设计提供了鲜活的地方实践经验。

医养结合服务的标准化建设为成华区医养服务的高效供给奠定了坚实的制度基础，下一步，要充分发挥医养服务标准化体系较为完备的制度优势，确保医养服务的优质供给、有机结合。[①] 要稳步扩大医养结合资源，加强康复医院、护理院（中心、站）和安宁疗

---

① 《成都市"十四五"养老服务业发展规划》，成都市人民政府官网，https://www.chengdu.gov.cn/gkml/uploadfiles/070312020201/20211122111215578.pdf。

护机构建设,增加社区(乡镇)医养结合服务设施;要逐步提高医养服务水平,打破不同条线间的服务壁垒,"打通"家庭养老床位、养老机构床位、家庭病床、医疗床位和安宁疗护病床,实现"五床"间服务转介、信息互通、资源共享、相互可接续的高效医养;要多渠道引育医养服务人才,激励医务人员特别是退休医务人员到相关机构从事医养结合服务,加强对以护理失能老年人为主的医疗护理员、养老护理员的培训,鼓励志愿服务人员为照护居家失能老年人的家属提供"喘息服务"[①]。

案例3:分级诊疗"1+N+n"的高新实践

"十三五"时期,具有成都特色的分级诊疗模式已经成形,就医格局有效改变,县域内就诊率达90%以上,基层医疗卫生服务能力得到提升。但分级诊疗服务体系中仍存在龙头机构引领作用不强和基层医疗卫生机构人才短缺等情况,分级诊疗服务水平与人民群众的需求还存在一定差距。拟通过建设城市地区医联体/县域地区医联体,推动各级医疗机构健康服务能力提升,助力人均预期寿命于"十四五"末达到82.42岁。[②] 在这一大背景下,成都高新区探索构建了城市新区"1+N+n"分级诊疗新模式,即将N个医疗资源和n个非医疗资源[③]纳入"1"套服务体系,统一管理、统一调

---

① "喘息服务"是指为重度失能、失智老人家庭匹配服务机构,为老人提供上门或机构照护的服务。2021年底国务院印发《"十四五"国家老龄事业发展和养老服务体系规划的通知》,提出"探索开展失能老年人家庭照护者'喘息服务'"。
② 数据来自成都市人民政府官网《成都市"十四五"卫生健康发展规划》,https://www.chengdu.gov.cn/chengdu/c147315/2022-05/17/d5dfd8cdfadc4d899b5f6148aa105fe0/files/d1ca2f8895244bbdbfd80356a2dd8523.pdf。
③ "1+N+n"的提法来自四川省卫生健康委员会《成都高新区网格化城市医联体建设初显成效》,https://wsjkw.sc.gov.cn/scwsjkw/ygzl/2023/11/6/b1d2525a31834f6e87cb79a8603a6830.shtml。

配。目前，高新区已初步建成"基层服务质量好、上下转诊效率高、患者政府双满意"的网格化城市医联体，初步形成"首诊在基层，大病到医院，康复回社区"的就医新格局。

一 主要做法

（一）调研区医疗服务机构现状，了解群众看病需求

调研发现，高新区有955家医疗机构，其中医院33家，含三级甲等综合医院3家、三级综合医院1家、三级专科医院3家；全区基层医疗卫生机构21家，包括社区卫生服务中心10家、社区卫生服务站11家，医疗资源总体较为丰富。[①] 然而，大医院距离较远，就医耗时费神，社区卫生服务中心人少，但医疗水平不太让人放心，群众迫切希望在家门口就能获得良好的医疗卫生服务，能不出社区就获得好的就医体验。

（二）回应群众对就近就好医的需求，确定"城市医联体"的发展思路

针对群众期望能不出社区，在家门口享受到便利、优质的医疗服务的诉求，重点是要提升基层诊疗能力和服务质量，让居民信任社区医院和医生，有意愿就近就医。因此，高新区确定了通过发展城市医联体，提高基层医疗水平，落实基层首诊、双向转诊、急慢分治、上下联动的分级诊疗的思路。

（三）广泛开展医联体建设，探索医联体一体化管理

推动社区卫生服务中心与大医院签订医联体建设协议，由高新区提供必要的经费支持，上级医院在人员培训、公共卫生服务、医疗服务、信息化平台建设等方面为社区卫生服务中心提供人力、技

---

① 数据来自成都高新区管理委员会官网《医疗概况》，https://www.cdht.gov.cn/cdht/c151988/common_list.shtml。

术支撑和支持。成立高新区管委会—市中西医结合医院网格化医联体建设管理委员会，全面统筹推进医联体工作，每月动态评估优化。办公室设在卫健局（医保局），负责行政资源横向统筹（卫健、医保、财政、人事、市场监管等）；市中西医结合医院负责医疗资源的纵向整合，搭建"政府主导、医院牵头、一体推进、资源共享"的医联体管理模式。

（四）实施人才培养工程，实施信息共享工程

搭建人才培养平台，全国全科医师基层实践基地、四川省社区卫生协会培训基地落地高新。累计从市中西医结合医院选派36名优秀硕博青年专家挂职社区卫生服务中心副主任，推动专家下沉帮教、坐诊，帮助培养基层医疗人才。搭建心电、影像、睡眠监测等七大区域远程中心，共享患者资料、电子图书馆、学术培训等资源，成员单位间实现预约服务、号源共享、病历调阅、远程医疗、药品配送等互联互通和诊断结果同质互认。

（五）提高基层危重症处理能力，增强基层慢病服务能力

做实基层"首诊"的服务内涵，明确基层医疗机构与上级医院的责任分工，推动胸痛、卒中等重大急性病救治单元建设，提升基层危急重症的快速识别和处置能力；加快建设眼健康、慢性肺病、癌痛治疗等九大区域特色专病中心，增强基层承接慢病能力，形成覆盖诊前、诊中、诊后的协同高效分级诊疗体系，发挥医联体各层级医疗机构的服务特色，改善居民就近就医感受，增强居民就近就医意愿。

（六）出台一揽子保障政策，推动一系列对应改革

高新区先后出台医联体实施方案、绩效方案、双向转诊标准等20余项配套政策措施。[1] 构建医院科室—社区中心点对点直联转诊

---

[1] 《健康中国·行走四川 | 成都：大医院牵手社区向前走》，搜狐网，https：//news.sohu.com/a/739949278_162422。

机制，畅通双转绿色通道。破除流通障碍，实施社区卫生服务中心全员聘用制和总额控制下的岗位年薪制，增强人才管理、机构建设的灵活性，促进人才跨区域、跨机构合理流动。

二 工作成效

（一）基层健康医疗服务能力极大提升，群众就近就医意愿明显增强

基层危急重症的快速识别和处置能力提升，2023年上半年联合救治急性心衰等危急重症121人[①]；承接慢病和康复患者转诊能力也得到提升，居民就近就医意愿明显增强，截至2023年9月，社区卫生服务中心门急诊人次已超过2021年、2022年，入院人次同比翻番，扭转了多年来基层诊疗量下降或徘徊的局面。肖家河呼吸慢病项目获评"2022年全国基层医疗机构呼吸疾病规范化建设项目优秀单位"，中和眼健康中心获评"2022年城市医学名片成都特色专科"。

（二）医联体建设融入微网实格，基层健康医疗服务便捷惠民特征显著

通过将网格化医联体融入"微网实格"，打造专家社区工作站和特色健康小屋，全区230个家医团队全部"进网入格"，形成"市级专家+家庭医生+网格员"医疗服务力量，打通居民健康"最后一公里"。2023年"微医"累计服务居民33余万人次，完成重点人群随访7余万人次，健康咨询11余万人次。探索优化医联体内联合门诊、远程医疗、门特办理等服务，有效减轻居民就医负担，3年来，医联体内远程诊疗共节省患者医疗支出213万元，高

---

① 数据来自四川省卫生健康委员会《成都高新区网格化城市医联体建设初显成效》，https://wsjkw.sc.gov.cn/scwsjkw/ygzl/2023/11/6/b1d2525a31834f6e87cb79a8603a6830.shtml。

血压门特患者自付及医保付费人均降幅 1000 余元/年。市中西医结合医院住院次均费用同比下降 12.5%，住院次均药品费用同比下降 26.3%。①

（三）龙头医院充分发挥引领作用，基层健康医疗服务基础得到加强

高新区累计从市中西医结合医院选派 36 名优秀硕博青年专家挂职社区卫生服务中心副主任，带资源抓项目，为上级医院人才培养提供新路径；与四川大学华西第二医院合作，建立儿科医联体，开展基层儿科医疗能力相关培训及"华西妇儿联盟"医生认证，提高基层儿科诊治水平；在专家帮教方面，累计开设 32 个基层专家门诊，拓展新业务和新技术 57 项，打造眼健康、慢阻肺等专科 24 个，建设住院部 4 个；在信息共享、检查结果互认方面，2022 年远程心电服务达到 6846 人次，远程 CT 总量超 8000 人次②，夯实了基层健康医疗服务的人才队伍和智慧化服务的基础。

三 亮点评析

党的十八大以来，以习近平同志为核心的党中央把维护人民健康摆在更加突出的位置，强调医疗卫生服务对维护人民身体健康的重要性，指出，要推动医疗卫生工作重心下移、医疗卫生资源下沉，为群众提供安全、有效、方便、价廉的公共卫生和基本医疗服务。2016 年印发《"健康中国 2030"规划纲要》，明确建设健康中国的大政方针和行动纲领；2023 年，为深入贯彻党中央关于实施健康中国战略的决策部署，中共中央办公厅、国务院办公厅印发《关

---

① 数据来自四川省卫生健康委员会《成都高新区网格化城市医联体建设初显成效》，https://wsjkw.sc.gov.cn/scwsjkw/ygzl/2023/11/6/b1d2525a31834f6e87cb79a8603a6830.shtml。
② 数据来自四川省卫生健康委员会《成都高新区网格化城市医联体建设初显成效》，https://wsjkw.sc.gov.cn/scwsjkw/ygzl/2023/11/6/b1d2525a31834f6e87cb79a8603a6830.shtml。

于进一步完善医疗卫生服务体系的意见》，为建设医疗联合体、促进分级诊疗，整合医疗卫生服务体系指明了方向。高新区高度重视卫生健康事业发展，坚决贯彻落实中央、省、成都市卫生健康工作决策部署，坚持把人民健康放在事关发展全局的高度来谋划推进，探索构建了城市新区"1+N+n"分级诊疗新模式，提升了基层的医疗卫生服务能力，实现了对各类医疗资源及相关资源的整合管理，建立起"大病到医院，小病在社区，康复回社区"的分级有序的就医秩序，群众享受到更多便利、快捷的医疗卫生服务。

"1+N+n"分级诊疗模式的探索是高新区完善医疗卫生服务体系的有益尝试。下一步，要总结"1+N+n"分级诊疗模式的经验和不足，持续完善以三级医院为龙头，社区卫生服务中心为骨干，社区卫生服务站为网底的医疗卫生服务体系。要把提升基层医疗服务能力放在首位[1]，分诊体系中的龙头医院应该注重提升基层成员单位的常见病、多发病的诊治能力，重点帮助建设外转率高、就医需求大的专科，如癌症、心血管、骨科、儿科等[2]。要注重培养基层医疗人才，建立三级医院与基层卫生服务中心的人才长效培养机制，手把手传帮带，切实提高基层医疗队伍的业务能力。要加强分诊体系的信息共享，重点在远程医疗服务方面发力，让三级医院的优质医疗资源通过网络辐射到基层医疗服务点。要继续落实家庭医生签约，打造标准化家庭医生服务模式，让居民切实感受到家庭医生能够实现全人全程全生命周期的全方位健康管理，体会到家庭医生就是他们的"医生朋友"，真正做到让社区居民"一生有

---

[1] 《成都市"十四五"卫生健康发展规划》，成都市人民政府官网，https://www.chengdu.gov.cn/chengdu/c147315/2022-05/17/d5dfd8cdfadc4d899b5f6148aa105fe0/files/d1ca2f8895244bbdbfd80356a2dd8523.pdf。

[2] 申少铁：《让群众就近享有高质量医疗服务（记者手记）》，《人民日报》2024年1月19日第19版。

医，一生有依"。

案例4：学前教育阶段"镇村办园"的新都模式

"十三五"时期，成都优质学前教育覆盖率达80.2%，圆满完成学前教育"8050"攻坚任务，学前教育普及普惠水平迈上新台阶。但优质幼儿园总量尚不充足，还不能充分满足人民群众"上好幼儿园"的需求。拟通过高品质幼儿园倍增计划，于"十四五"末实现高品质幼儿园数量在2020年基础上翻番。[1] 在这一大背景下，新都区在四川省内率先探索"镇村办园"新路径，聚力建设更多老百姓家门口的幼儿园，2022年至2023年新增镇村公办幼儿园13所、学位6780个[2]，进一步满足了群众"有好幼儿园可上"的需求。

一 主要做法

（一）调研区幼儿园现状，了解群众入园需求

调研发现，新都区幼儿园学位总数大于在园幼儿数，富余学位1万多个，但都集中在民办园，而民办园或多或少存在一些问题，如办学目的以盈利为主、入园费用过高、办学场地设施有限、课程设置小学化、教师队伍不稳定等，家长不愿将孩子送到教育教学质

---

[1] 数据来自《成都市"十四五"教育发展规划》，成都市教育局官网，https://edu.chengdu.gov.cn/cdedu/c116759/2022-05/09/content_4177a89d30d14b71a9ef8e0579cc4d65.shtml。

[2] 数据来自新华网《办好"家门口"普惠优质学前教育 成都市新都区创新探索"镇村办园"新路径》，http://www.sc.xinhuanet.com/20231129/0496e217370149c68e738f8cf3a14efc/c.html。

量都令人担忧的民办园，期望孩子能进入公办幼儿园。①

（二）回应群众对公办幼儿园的需求，确定"镇村办园"的思路

针对群众期望能让孩子就读教育教学质量都令人更加放心的公办幼儿园的诉求，充分发挥镇村作为基层单位的先天优势，如镇村自有一些可用于办园的资产，且了解哪些区域学位需求呼声大，具备将学位需求与匹配资源快速对接的有利条件，从而确定了镇村协力打造公办幼儿园的思路。

（三）出台镇村办园实施办法，明确镇村的主体资格

新都区在梳理镇村办园有关政策的基础上，印发《关于促进学前教育公办幼儿园发展的通知》，出台《成都市新都区镇（街道）和村（社区）举办公办幼儿园实施办法（试行）》，鼓励镇（街道）和村（社区）作为办园主体提出办园申请，相关部门做好审核指导、行业资格审查及颁发登记证、定性为事业单位等事宜。

（四）创新镇村办园管理方式，可直管也可委托管理

明确了由镇（街道）或村（社区）作为主体举办的公办幼儿园，可由举办单位直接管理，也可借鉴政府购买服务项目模式，自行确定委托方式，遴选有经验的办学团队，签订《委托管理协议》，依据相关法规政策要求实施办园专业管理运营，区财政局按照生均标准给予补贴，区教育局安排优质幼儿园开展"一对一"帮扶以提升办园水平。

（五）加强教师队伍培训，规范保教课程设置

通过下沉各级各类培训资源至村镇，开展分级研赛活动，组织名师巡回指导等方式，提升镇村办园教师的专业能力和水平；

---

① 《成都市新都区：镇村如何举办"家门口"的公办幼儿园？》，川观新闻，https://cbgc.scol.com.cn/news/3943561。

通过落实《成都市幼儿园课程建设与管理指导意见》，确保幼儿园教育以游戏为基本活动，确保幼儿在游戏活动中的主体地位，探索"一园一特色"园本课程，推进镇村公办幼儿园保教课程有机更新。

（六）健全投入保障和资源共享机制，落实协同监管责任

参照现有公办幼儿园财政补助标准，由区财政将镇村公办幼儿园运转经费补贴和绩效考核经费列入年度预算；印发《镇村办园结对帮扶工作方案》，推动区内市一级及以上高品质幼儿园与镇村公办幼儿园结对，深入开展专题培训、送教到园、教师交流、教研共享等"一对一"帮扶活动；压实相关部门职能职责，加强幼儿园联合监管和财政补助资金的规范使用及属地管理对绩效经费拨付的把关，确保幼儿园依法办园、规范办园、安全办园。

二　工作成效

（一）公办幼儿园学位大幅增加，极大满足群众对优质学前教育的需求

通过"镇村办园"的方式，2022年，新都区有8所镇（村）幼儿园办理了行业许可和法人登记，公办园学位增加4350个，公办幼儿园在园幼儿占比在基数同比上涨5100人的情况下提升2个百分点，公办幼儿园在园幼儿占比从2018年的17.96%提高到2021年的50%。[①] 目前，已启动新都二幼、锦水河幼儿园、泥巴沱幼儿园等5所公办幼儿园建设，加上移交接收配套3所幼儿园，预计到2023年底，新都将增加3060个公办学位，进一步满足群众对上好

---

① 数据来自四川省教育厅《（简报第18期）成都市新都区创新探索"镇村办园"新路径办好"家门口"普惠优质学前教育》，http：//edu.sc.gov.cn/scedu/c100768/2023/3/28/4ee37a1a8054406bafc6743afffdbc6d.shtml。

的公办幼儿园的需求。

（二）办园条件改善、部分幼儿园降费明显，群众满意度提高

2022年秋季新都区新增财政预算510余万元，补助后所有园所通过硬件改造改善了办园条件，同时，还下调了3所幼儿园的保教费，如新都区大丰街道第一幼儿园升级改造了园内环境，在门厅、走廊、教室等布置了各种生动形象的卡通图案；又如大丰街道爱德堡幼儿园，在成为成都市二级园后，收费标准从每月2500元降到了560元，而降费最多的园所可能每年为家庭节约开支近2万元[①]，孩子家长评价道，"幼儿园变得更漂亮了，孩子们的教玩具更多了，收费还低了，家庭负担小了很多，我们很满意"。

（三）管理和运营机制理顺，教师有更多的时间和精力专注保教

"镇村办园"实现了管办分离，镇村是管理主体，专业团队是运营主体，如此一来，幼儿园的运转效率得到提升，办园水平也得到提高，2022年底，9所镇村公办幼儿园通过市二级园评定。幼儿园园长和教师们普遍表示，"现在有更多的时间和精力花在思考怎么做好教育、怎么更好地践行'儿童为本'的教学理念上，而不是像之前那样花在招生环节"。孩子家长也反映，"在镇村举办的幼儿园，老师们的保教水平比较高，更有助于孩子的成长"。

三 亮点评析

习近平总书记强调，要从党和国家事业发展全局的高度，全面贯彻党的教育方针，坚持优先发展教育事业，坚守为党育人、为国育才，努力办好人民满意的教育。党的十八大提出"办好学前教

---

① 《成都市新都区：镇村如何举办"家门口"的公办幼儿园？》，川观新闻，https://cbgc.scol.com.cn/news/3943561。

育"，党的十九大要求"在幼有所育上取得新进展"；2018年中央出台《学前教育深化改革规范发展的若干意见》，2021年教育部等九部门联合印发《"十四五"学前教育发展提升行动计划》，进一步明确了学前教育公益普惠基本方向。新都区认真贯彻落实国家关于学前教育深化改革发展的要求，在全省率先探索"镇村小园"新路径，全面梳理镇（街道）、村（社区）集体资产，由镇（街道）或村（社区）作为举办主体，整合各类资源，孵化出多所"家门口"的公办幼儿园，增加了公办幼儿园学位供给，破解了新建公办幼儿园土地资源供应紧张、财政投入压力大等现实难题，达到了构建普惠性幼儿园为主体的办园体系的目标，也实现了进一步优化教育资源布局，以顺应城市发展空间结构调整和产业发展需求的目标，可谓"多赢"。

"镇村办园"为新都区学前教育的发展提供了极大助力，下一步，应充分发挥硬件设施改善和管理方式创新的优势，全力推动学前教育优质普惠发展。[①] 要坚持科学性原则，遵循幼儿身心发展规律，坚持科学的保教方法，保障幼儿快乐健康成长，有效开展入学准备和入学适应教育；要坚持优质性原则，以提高教育质量，促进幼儿的良好发展为根本目的，引导幼儿园注重内涵品质的改善，加强对薄弱幼儿园的专业引领和实践指导；要坚持整体性原则，系统规划与设计幼儿园的各个教育要素，包括环境创设和氛围营造、幼儿一日生活的组织与保育、幼儿园课程与游戏、幼儿园与家庭及社区的关系、幼儿园教师队伍建设、幼儿园管理及财政补助和收费政策，合理确定家庭支出水平等。简言之，镇村办园达到公办幼儿园"增量"目标后，已进入"提质"环节，需扩展教育视域，深化和

---

① 《成都市"十四五"教育发展规划》，成都市教育局官网，https://edu.chengdu.gov.cn/cdedu/c116759/2022-05/09/content_4177a89d30d14b71a9ef8e0579cc4d65.shtml。

提升发展主题，实现从特色材料、特色活动或特色课程向幼儿园整体优质发展和体系形成的跨越。

案例5：院落自治改造提升城市生活品质的金牛实践

在城市快速扩展进程中，先发地区因开发时间较早和规划标准低而逐渐成为设施落后破旧、交通拥堵的老旧城区，旧城更新改造成为城市内部协调发展的必由之路。近年来，成都城市更新改造提速。2021—2023年完成棚户区改造11160户、"城中村"改造6961户，老旧片区有机更新项目建设累计完成投融资额1359亿元，均大幅领先序时进度，入选全国首批城市更新试点城市。完成改造老旧小区1530个，完成老旧小区改造示范项目建设55个，推动既有住宅自主增设电梯4549台。金牛区作为成都最早发展区域，拥有大量包括铁路系统等在内的企事业单位在20世纪六七十年代以来建设的职工家属院落，也有大量成都最早建设的拆迁安置房，这些昔日炙手可热的住房如今已成为不受人待见的"老破小"，更新改造任务艰巨。下面将以金牛区抚琴街道西南街社区的自治改造案例来介绍成都旧城更新改造的实践经验。[①]

一 主要做法和成效

金牛区抚琴街道西南街社区面积0.54平方公里，该片区建成于20世纪90年代初，全社区90个院落中有86个老旧院落，根据街道干部总结，该区域存在"管网破损严重、违章搭建较多、公共配套不足、安全隐患突出"等老旧城区面临的显著问题，被戏称为

---

① 本案例根据金牛区抚琴街道提供资料整理而成。

"稀烂街",群众改造意愿非常强烈。抚琴街道党工委坚持以人民为中心发展理念,着眼于解决群众急难愁盼问题,在保持原有城市肌理和市民生活本底的基础上,探索了一条城市更新的西南街自治改造模式。

(一)坚持"先自治后改造"解决老旧院落改造难题

街道和社区坚持走群众路线,在改造动员阶段通过开坝坝会等方式,广泛宣传改造政策,并开展摸底调研工作、问计于民,共征集改造意见1200余条,将多数居民有改造意愿的院落列为拟改对象,同时也提高了居民自我服务管理意识。西南街社区将自治小组成立率100%、违建拆除率100%、维修基金归集率100%作为启动改造的前提条件。自治改造的第一步便是成立院落自治小组,社区通过开坝坝会、听取居民诉求、培育积极分子,选出让居民信服的自治小组成员本身就是一个凝聚共识、再造院落共同体过程,只有这样选出来的自治小组才能在改造启动后的维修基金收缴、带头拆除违章搭建、参与改造方案设计和施工监督过程中发挥积极作用,真正实现"一院一策"的改造原则,最大限度保障和体现了院落居民意志与合法权益。从工程上来讲,改造原本是一个简单的问题,难点则在于改造后的长期管理维护,自治改造通过上述三个原则实现了"要我改"向"我要改"的转变,而居民的全过程参与监督和维修基金的收缴也为长效管理机制奠定了制度和资金基础。首期改造中,共更换疏通地下管网1340米,整治院落管网71处,维修道路管网32处,清理疏通排污口17处;在院落内外系统集成绿道游园、公共文化设施等功能性配套,增设微景观10处,释放停车位200余个,新增绿化游园面积4000余平方米,有效满足了居民的休闲游憩和交通出行需求。

(二)以美学表达要求营造社区公共空间

针对老旧院落广泛存在的公建配套不足和道路狭窄,以及出摊占道经营和汽车乱停乱放挤占公共空间等普遍性问题，为了盘活资源，释放更多公共空间，街道党工委联合四川岚庭等专业设计团队，对街区、游园进行美学表达和系统提升，打造了邻里会客厅等4个社区美学空间和系列社区金边银角，植入多肉植物微景观和"邻里戏台"，让生活与艺术之美在城市社区得到较好体现。同时按照城市文化和社区特质，突出紫藤墙、露天茶馆、街边修补点和逗趣鸟园等社区景点，并对沿街绿化和微景观进行优化更新，最大化保留了社区文化基底，重塑市井生活场景，实现了城市记忆与现代生活的完美结合。

（三）打造社区商业和消费场景

围绕市井生活主题营造片区特色商业氛围，引导在地企事业单位和火锅店铺等几十家市场经营主体投入近500万元，通过店面提升改造，促进街区设施和形象提档升级；利用地理资源优势，协调地铁出口邻近小区拆除违建、开放围墙，释放社区商业空间，畅通片区交通循环，探索形成社区TOD模式；深化区域化党建平台机制，协调辖区单位利用闲置物业资产打造民宿酒吧、咖啡馆和摄影工坊等，形成餐饮、住宿、游乐全链条消费场景，提升社区商业品质活力。

（四）构建院落管理长效机制

完善社区党委—区域支部—院落党小组在内的三级基层党组织体系，充分发挥党组织引领作用，引导院落自治组织完善院落议事机制，持续开展院落自治；引导舞蹈爱好者、乒乓球爱好者、养鸟达人、象棋爱好者等组建临时支部和志愿服务队，参与公共空间使用和管理维护，推动形成活力有序的社区秩序。同时，成立商居联盟，引导片区100余商家共同拟订街区商业公约，规范经营行为，通过加强行业自律，共同维护区域活力与秩序。

二 点评与讨论

政府充分尊重居民诉求，在改造过程中全面收集居民意见建议，坚持"怎么改"和"改哪里"由居民说了算，重点放在了疏通地下管网、整治院落管网、维修道路管网，新建绿化游园、释放停车位等居民急难愁盼问题上，正是这种将功能看得比景观重要的工作思路，使得老旧院落改造实现了地上地下、院内院外、里子面子双丰收。改造前，这一片建于20世纪90年代的老旧院落因基础设施落后、常年污水横流而被称为"稀烂街"，通过自治改造逻辑和面子里子一体打造思路，保留强化"城市记忆"，打造老成都市井生活片区，实现了昔日"稀烂街"向今日"幸福西南街"的蝶变。院落居民对改造前后变化感触特别深，改造前因居住环境恶劣有条件的居民都搬走了，改造后居住环境得到极大改善，辖区抚琴夜市的爆火带来巨大人流，不但一些老邻居又搬回来了，老成都的生活范儿和烟火气还吸引了大量租客，连带着房价和租金也涨了，社区居民脸上洋溢着的幸福笑容显示了民之所盼、政之所向的城市治理密码。

案例6：用心烹制"文化大餐"的青白江样本

近年来，成都遵循建设"15分钟公共文化服务圈"理念，高标准布点建设基层文化设施，打造公共文化新场景和美空间，多渠道吸引和引导居民群众参与公共文化服务的共建共享，推动以文化人、以文润城、以文惠民，涌现了一大批载体多样、内容丰富、居民群众触手可及的优质公共文化服务品牌。在为居民群众提供公共文化服务的探索实践中，青白江区通过转变方式、搭建平台、创新内容，努力让市民文化活动载体"活起来"，让市民文化生活"火起来"。

一 主要做法[①]

（一）"修旧如故、活化更新"，深度挖掘和利用历史文化资源

聚焦古蜀国、新丝路、大工业、老县治四张城市文化名片，结合"新都城"遗址考古重大发现等最新成果，整理历史文化资源系统研究，编制《城市文化建设规划》和历史文化图册《青白风华·图说千年》，从中提炼适应区域发展需要的价值理念和人文精神，融入市政建设、镇村社区、林盘院落，厚植文化基因。同时，依托城厢古城建设，以"修旧如故、活化更新"的方式，保护性修缮70余处文物古建筑，重塑"4街32巷108院落"历史肌理，还原"千年老成都"县治格局和人文风貌；挖掘利用县治文化、书院文化、英雄文化等资源，采取展示陈列、沉浸式体验等方式进行表达，并植入亲子研学、特色餐饮、精品民宿等新业态，推出武庙、家珍专祠、绣川书院、邓公楼等见人、见物、见生活的新场景；加大非遗保护传承力度，引进杨华珍、陈智林等大师工作室，打造贵和川剧文化博览园，创建非物质文化遗产美学场景。

（二）"开放包容，交流互鉴"，提升文化服务供给品质

充分发挥成都国际铁路港、自贸区等优势，建成亚蓉欧国家（商品）馆、区博物馆、区文体中心等一批具备人文交流、展览展示、教育培训功能的中西文明交流互鉴窗口，启动建设"一带一路"演艺中心、流沙河纪念馆、文庙等高能级文化设施；举办第31届世界大学生夏季运动会篮球赛，开展翁布里亚（意大利）爵士音乐节、《维也纳之声》音乐会、匈牙利巴托克贝拉男声合唱团

---

① 相关数据资料来源于成都市青白江区调研搜集材料。

音乐会、CTV青白江国际音乐节、樱花旅游文化节、凤凰国际灯会等文化交流活动，引入世界顶级芭蕾舞剧《胡桃夹子》、"荷花奖"获奖作品舞剧《杜甫》、国家艺术基金资助项目芭蕾舞剧《死水微澜》等高品质剧目；自创TST国际街舞邀请赛IP，成为四川首个全国S级别国际街舞赛事；等等，让群众在家门口就能享受富有国际色彩的高品质"文化盛宴"。

（三）"守正创新，活化利用"，创新公共文化服务供给新形式

在深挖历史文化资源的同时，活用跨越时空、时代性强的文化元素，创编一系列体现人文魅力、彰显时代精神的文艺精品，如历史话剧《大宋御史·赵抃》、展示"丝路精神"的音乐剧《蜻蜓眼》等。引导社会力量积极参与文创产品研发和提供文化服务，推出"人文蔚起"骨瓷套杯、丝巾、书签等特色伴手礼，促进青铜马、小金龙等非遗、文物资源价值转化，持续推进24小时城市书房、城厢会客馆、茂昭书院、卓兮的院子等特色文化空间建设，推动图书阅读、艺术展览、文化沙龙、轻食餐饮等多业态融合。培育文旅消费新场景，着力打造西南首个元宇宙数字文旅产业园，依托凤凰湖国家AAAA级旅游景区建设西南首个"极限+水上"嘉合熊猫极限运动公园，持续培育区文体中心、杏花村国家AAA级旅游景区、"我的田园"等消费场景，促进农商文旅体融合发展。

（四）将非遗传承融入公共文化服务，推进"三个结合"

将非遗保护传承与社区文化建设相结合，有序推进以非遗博览、非遗陈列、非遗传承、非遗研学等为主要功能定位的非物质文化遗产保护场馆体系建设，共打造120余家非遗博物馆、工作室、体验场馆。开展"川剧进社区""民俗闹春""生动实践·体验非遗"等非遗社区活动。开展"非遗课堂""曲艺家进社区""流动庙会进万家"等非遗展演活动。在苏坡街道清源社区打造全国首批"非遗在社区"示范社区，常态化开展非遗展演、非遗体验等活动。

将非遗保护传承与学校教育、基层展演相结合，全面加强非遗文化传播普及，将非遗传承融入学校教育。通过"文化直通车""非遗讲解员"等活动开设非遗课程，辖区内6所学校获评成都市"非物质文化遗产传承基地学校"。将非遗保护传承与文旅产业发展相结合，扶持建设非物质文化遗产传承人培训基地。加强非遗生产性保护传承，整合非物质文化资源，创新开发传承形式。加大产业扶持力度，对非遗代表性项目、非遗传承基地、非遗项目产业化开发等给予政策补贴，助推非物质文化遗产创造性转化、创新性发展。依托辖区文化点位推出"非遗传承之旅"等精品旅游线路、研学旅游产品，积极发展非遗体验、非遗旅游等新业态、新场景，助推文商旅融合发展。

二　亮点评析

随着经济发展水平的提升，居民群众对精神文化生活的需要层次不断提升，这对公共文化服务供给提出了更高要求，要求公共文化服务供给在数量和质量上都要有极大的提升，不断满足居民群众多样化、多层次、多方面的精神文化需求。与其他公共服务相比，公共文化服务对居民群众精神层次需求更加关注。这也决定了高品质的公共文化服务必须体现更高水平的群众接受度和参与度。实践中所产生的优秀公共文化服务样本，都高度重视群众需求，重视以均衡可及的文化服务供给带动居民群众的广泛参与。综合来看，其特色亮点主要有以下三方面。

一是优化公共文化设施载体的建设使用。公共文化设施是公共文化服务供给的重要载体和展示平台。成都持续多年推进基本公共文化设施建设，多年之前就在全省率先实现了街道（乡镇）、村（社区）公共文化服务点位的全覆盖，构建起了保障城乡群众均衡享有公共文化服务的城乡一体化的"15分钟公共文化服务圈"。青白江区的公共文化服务实践，通过多方链接资源、开展各种活动以及与社区治理结合起来，让公共文化设施或阵地真正融入居民群众生活，最大限度地发挥了丰富居民群众精神文化生活、提升居民文化素养的功效。

二是重视特色文化资源的挖掘利用。城市沉淀的丰富历史文化资源、各种文化遗产，是城市公共文化创新取之不尽、用之不竭的基因源泉，而且往往也是深受居民群众喜爱的文化元素。在推进城乡公共文化服务均等化的进程中，高度重视历史文化资源以及非物质文化遗产的保护与传承，通过将非物质文化遗产融入社区文化活动、学校教育、基层展演以及文旅体验之中，一方面加大了对非物质文化遗产的宣传力度，另一方面也提升了基层公共文化服务的趣味性和参与性，并且在多样化的文化服务、文化活动中进一步促进了文化的传承与发展。

三是吸引居民群众及社会力量参与。公共文化服务的出发点是为了更好地满足居民群众日益增长的物质文化需求。这也意味着评价公共文化服务优劣的一个重要标准就是其供给与需求的匹配度，公共文化服务供给不是单方面的付出和给予，而是重在通过为居民群众提供参与渠道，推动提升参与意愿。青白江区通过打造沉浸式的文化体验场景，常态化地开展文化志愿活动、文化评选活动等，更好地促进在地居民群众参与共建共享公共文化服务，从而使文化服务供给与群众文化需求的匹配度得到较大幅度提升，极大地丰富了群众生活，提升了群众的幸福感。

案例7：赋能社区治理的"精治数仓"探索

大数据、人工智能等新一代信息技术变革深刻影响着社会治理，科技赋能推进智慧社区建设正在成为社区治理发展的重要方向。成都在"智慧蓉城"建设的总体框架下,将智慧社区作为彰显城市价值和承载宜居美好生活的微观场域,积极推进智慧社区试点建设,到 2022 年底,示范打造 50 个智慧社区以及 100 个智慧小区。[①] 其中,青羊区围绕社区本地数据挖掘使用,在社区建设"精治数仓",为基层赋能增效提供智慧手段支撑,是成都智慧社区试点的一个重要探索。

一 主要做法[②]

(一)建数字基座打通数据壁垒

通过"人与人""人与物""人与平台"的全方位链接和各类实时服务归纳收集数据,同时整合社区沉淀的党建、民政、劳动保障、防疫、退役军人等多业务口数据,以本地数据文件为基础构建数字基座,以政务外网为依托,将面对公众的业务数据、物联数据回流到"精治数仓",整合数据,打通数据壁垒。主数据达到 90% 以上精准度,并与区级数据中台加密互通,双向修正和精准化补全人房基础数据,保持数据鲜活度。

(二)优化提升数据查询报送效率

依据"精治数仓"积累的社区管理服务数据和算法库,各部门可按需抽取和查询相关数据;社区根据自身商家摸排、燃气隐患登记、违章搭建排查等业务,自设字段创建动态采集码,快速形成自闭环数据采集与回流。回流数据通过 AI 表格,迅速进行本地化动态制表,生成包括高龄老人台账、辖区商家台账、从业人员台账等新场景,减少了社区填报各类应用平台、报表工作时间 75% 以上。

[①] 《成都:到今年底,示范打造 50 个智慧社区》,https://baijiahao.baidu.com/s?id=1750244417206689118&wfr=spider&for=pc。

[②] 相关资料来源于成都市青羊区调研和睦羚科技公司调研搜集材料。

(三) 智能识别分析服务社区治理

在"精治数仓"活化社区数据的基础上，将各条工作线的留存文件和表格进行智能识别分析，模拟"案件线索"信息关联破案，将不同信息碎片关联分析后，拼接为完整的主数据、业务数据，如居民、房屋、商家、从业人员等，实现数据主动刷新。通过有效运用动态数据，为社区提供了趋势分析、事件预警，为各类治理提供高效参考。同时，通过"精治数仓"对居民需求进行精准分析，社区可联动社会资源建立匹配机制，为社区服务精准化提供了可靠有效的渠道。①

(四) 建构人联网可信生活生态圈

以便捷服务社区工作和居民生产生活为目标，建设集数字家园、资源复用、智慧服务、幸福社群于一体的人联网新型智慧社区。具有代表性的如同德社区的"乐享同德·可信生活圈"，架构服务、文化、生态、空间、产业和共治等六大智慧响应场景集群，让社区中的居民和资源能够被看见、被连接、被激活，围绕社区商业、社区生活、社区文化、社区公共资源使用等，形成了线上纽带和带动了线下参与。在疫情防控期间，依托"乐享同德·可信生活圈"居民发出志愿服务倡议，动员了200多名居民加入防疫志愿服务队伍中。

二 亮点评析

智慧社区必然体现技术赋能社区治理所具有的整体性、联动性以及便捷性、高效性特点。智慧社区建设主要面临两大难点：一是

---

① 相关资料来源于《青羊"六微"项目系列行："精治数仓"》，https：//mp.weixin.qq.com/s?__biz = MzI3OTk3MTMyMg = = &mid = 2247564851&idx = 3&sn = 064336e283680768a5a7107cd2288922&chksm = ebbc2aa6dccba3b07bb905ab0e968a49c31e053571f769aad62c27ef3f0e777eb5f2458ed8a0&scene = 2。

智慧治理系统的整合以及数据归集获取利用；二是智慧生活场景的应用。在智慧治理系统建设和数据归集获取利用方面，成都从自上而下推进与自下而上建构两个层面进行了推动。全市统一建立完善"社智在线"智慧社区综合应用平台，为基层社区提供标准版的操作系统。各区县也结合各地基层实际，建设推行各种智慧应用。青羊区的"精治数仓"通过建数字底座推动了数字壁垒的破解，有效地推动解决了基层社区治理中存在的数据采集报送难题，大幅减少了基层社区工作人员的工作量，同时，依托于数字技术智能识别分析，助力了社区科学敏捷治理。在智慧生活场景建设方面，则因地制宜，结合社区状况和居民群众的实际需求，建构了体现社区特点、服务社区生活的智慧应用场景，以线上"纽带"带动了线下"参与"，拉近了社区居民距离，形成了可信生活生态圈、社区治理共同体。当然，从全域上看，虽然部分社区智慧治理先行一步，但是智慧社区建设的区域和社区不平衡发展问题仍较为突出，高效能社区治理依托的智慧基础依然薄弱，需要进一步深化以数字化为路径的智慧社区建设，着力用数字化手段破解治理中的条块分割、联通共享不足问题，加快推进智慧应急应用场景建设，提升社区精细化治理和精准化服务水平。

案例8：打造"一刻钟便民生活圈"的清源案例

社区是基层治理和公共服务的"最后一公里"。在社区居民步行约15分钟的范围内有效配置公共资源，满足居民的基本生活所需和部分品质生活需求，能够有效提升社区居民生活便利化和品质化程度。2021年，成都市成为全国首批城市"一刻钟便民生活圈"30个试点地区之一。2022年5月，成都市委社治委发布《成都市

"十四五"城乡社区发展治理规划》，提出全面推进城市"一刻钟便民生活圈"建设，并设立了到2025年"建成100个布局合理、业态丰富、功能完善、智慧便捷、规范有序、服务优质、商居和谐的一刻钟便民生活圈示范社区"的目标。截至2023年3月，成都市已建设12个国家级城市"一刻钟便民生活圈"试点社区，推动44个社区开展市级试点。下文以清源社区为例，展现成都市推进"一刻钟便民生活圈"建设的探索与效果。

一 主要做法①

（一）坚持党建引领，构建多元共建格局

1. 科学制定社区发展规划

清源社区面积1.51平方公里，常住人口约4.7万人，管理人口将近10万人，是典型的由涉农社区向城市社区转变的复合型社区。针对业态低散、配套不齐、人口多成分杂等实际情况，社区党委着眼满足群众衣、食、住、行全要素需求，确立了"以政务便民服务为基础、以全龄段友好服务为延伸、以特殊群体增值服务为补充"的建设思路，从优化布局、补齐短板、丰富业态、文化植入等方面系统规划，明确了社区便民生活圈建设发展路径。

2. 搭建"双中心"发展平台

坚持党建引领下的"双线融合"市域社会发展治理先行，充分发挥四级党组织"动力轴"作用，实行街道党工委捆绑、社区党委主抓、党支部支撑、党小组助力联动模式，建立社区党委领导下的党群服务中心、社区发展中心"双中心"，分别负责党群服务和社区商业孵化，引导商家、社会组织和企事业单位等多元社会力量共同参与便民生活圈建设，形成共建、共治、共享格局。

---

① 案例介绍材料由青羊区清源社区提供。

3. 健全联动联建协作机制

建立社区"大党委"党建联席会议机制，吸纳社区民警、交警，相关企事业单位负责人为党委委员，整合各类力量和服务资源。创新"1+11+N"联动模式，即1个党群服务中心，11个党群服务站，孵化培育居民夜跑团、各类文体组织等N个力量，发挥小区党支部、居民小组党员和居民作用，将社区公共服务送入小区居民身边，社区发展治理延伸进小区院落，形成"人人有责、人人尽责、人人享有"的社区治理新格局。

（二）秉持服务理念，精准配置服务载体

1. "一站式"政务便民服务圈

整合下沉政务、交管、民警服务资源，提升社区公共服务站"一站式"服务功能，采取服务外包方式开通社保、医保、生育、老龄、优抚等政务服务窗口，引入户政、出入境、身份证、户籍、居住证等公安业务和行驶证年审、驾照扣分等交管业务共计8大类34项便民业务。并通过配置24小时自助服务终端，为群众提供全时段服务；在小区开设6个红色驿站，实现公共服务进小区，打通服务群众"最后1米"。

2. "多元化"宜居生活服务圈

着眼满足群众衣食住行全要素需求，提升生活便利化、品质化水平，采取社区牵头和与第三方机构合作等方式，优化商业网点规模、布局、业态结构和服务功能，使之与社区居民数量、消费习惯、经济水平等相适应。清源邻里生活中心已配置李姐改衣店、源生活家政服务中心、社区农场、红旗超市、成都银行等12项基础便民型业态。同时，还创办了社区普惠型幼儿园、嵌入式养老中心、清源物业中心、创意共享美学生活馆等4项品质提升性业态。

3. "精准化"全龄友好服务圈

聚焦"一老一小"和特殊群体，孵化产业为各年龄群体提供服务。社区内设有儿童成长馆，开设清雅乐普惠性幼儿园，打造开放式儿童教育中心，提供亲子早教、全日制托育、婴幼儿艺术启蒙等服务；开设清源食堂，为老年人提供免费午餐，开设老年人日间照料中心，探索建立"医康养"一体化嵌入式养老服务站；开展"融乐·阳光家园"等康复项目，完善康复托养设施，为残疾人提供生活、医疗和康复服务，打造"幼儿有所乐，青年有所为，老年有所归"全龄友好包容社区。

（三）深化场景营造，打造社区商业新生态

通过创新营造多元社区生活场景，发展社区商业服务业态，坚持"公益+市场"逻辑，引导市场主体、社会力量、社区居民共同参与社区服务载体建设、管理、运营，形成社区文化和产业品牌，增强社区服务载体可持续发展能力。

1. 生活场景激发"新活力"

对接居民的能力、兴趣和需求，在社区服务中打造社区消费新场景，激活居民潜在消费动力。整合场地资源，利用社区自我"造血"的盈余资金重建川西大院，打造"思源堂"文化活动广场，重塑川西特色老戏台，还原烟火市井文化。以龙门长嘴壶茶艺、功夫茶培训体验为载体，设计推出清源专利"功手道""晒三花"系列茶叶茶具，塑造清源茶文化品牌，为社区经济发展注入新活力。打造极具川西建筑风格和市井烟火气息的社区邻里中心（润祥楼），通过民俗文化展示、直播带货、社区餐饮、提供"线下孵化+供应链+线上平台"网络流量孵化群等方式，不断创新经营模式。

2. 便民场景点亮"新生活"

"源生活菜市场"为居民提供低于市场价的一手优质生鲜产品，通过线上预约、农场配置、线下送货的方式，推动了"O2O+社

区"新业态发展,实现年产值1000多万元。"源生活家政服务中心"为居民提供居家服务和创业就业能力培训,帮助300余名居民解决就业问题,实现了社区内互惠共赢。"清源食堂"解决了高龄老人和辖区环卫、保洁、保安等低收入人群三餐问题。

3. 文化场景提升"新品质"

搭建终身教育"一站式"服务平台"清源文化宫",聚力整合辖区儿童、青少年、成人等教育资源,为居民提供"公益+市场化运营"的国学、创新创业等教育培训。以非物质文化遗产蜀绣为切入点,孵化清源刺绣服务中心,为65名失地失业居民及蜀绣爱好者拓展居家灵活就业创收新途径。组织社区依托小区党群服务站等空间,引导培育妈妈互助会等自组织,利用社区空间闲置时间,引入专业社会组织运营儿童成长馆等项目,塑造"1+2N"公益空间,开设低偿服务早教托管、学习辅导等课程。引导有特长的居民参与志愿服务,教授辖区居民织毛衣、缝衣服、民族舞等技能。年开展各项居民文化娱乐活动50余场次,吸引1.2万人次参与。

4. 智慧场景助力"新模式"

搭建智慧化平台,聚焦居民多元需求,营造智慧安防、智慧停车、24小时共享健身房、共享生活休闲中心、生活速递站、社区团购等智慧生活服务新场景,推出"智能生活家"App,提供居家养老、教育培训、生鲜采购、家政服务、物流终端等"买""学""住"全生命周期的生活类服务,打造高品质、便捷化、智慧型的"有感"院落生活服务圈。

二 工作成效

坚持"共建、共治、共享"理念,以党建引领、双线融合发展为动力,探索"党建引领、多元参与、协商共治"社区发展治理路径,围绕实现便民服务和促进便利消费,着力做优行政化服务、做强社会化服务，丰富社区商业业态，"一刻钟便民生活圈"建设初见成效，社区年经营流水 3130 万元，收益 150 余万元，已实现可持续发展。

通过近几年发展，清源社区在社区发展治理过程中探索了可复制、可推广的社区发展治理模式，得到社区居民的普遍认可和荣誉肯定。2018 年清源社区创新发展案例被人民网评为全国"创新社会治理典型案例"；2019 年社区党委获评"四川省先进党组织"；社区案例还于 2021 年被中国社区商业工作委员会评为全国"一刻钟便民生活圈"示范工程、获评 2022 年四川省"非遗在社区十大优秀案例"。

三 亮点评析

党的十八大以来，习近平总书记多次深入社区考察调研，强调要推动更多资源、服务、管理向社区倾斜，更好为社区居民提供精准化、精细化服务。2018 年 4 月 26 日，习近平总书记在武汉市青和居社区考察时强调，要把社区建设好，把幼有所育、学有所教、劳有所得、病有所医、老有所养、住有所居、弱有所扶等目标实现好。近年来，政策红利不断释放，《中共中央 国务院关于加强基层治理体系和治理能力现代化建设的意见》《国务院办公厅关于印发"十四五"城乡社区服务体系建设规划的通知》《"十四五"公共服务规划》、商务部等 12 部门《关于推进城市一刻钟便民生活圈建设的意见》等重要文件出台，为建设具有综合服务功能的社区指明了方向。

作为一个常住人口和管理人口"倒挂"、从传统涉农社区向城市社区转型的复合型社区，清源社区的居民构成复杂、对公共服务的期待广泛多样，而社区原有的基础设施、商业形态和服务管理水平较低，难以满足各类社区居民多元化需求。因此，要打造形态丰富且可持续运转的便民生活圈，社区"两委"面临更为复杂的形势。

在这样的背景下，清源社区以党建引领作为破题的"先手棋"，确立了"双中心"分工机制，社区党委领导下的党群服务中心和社区发展中心分别负责党群服务和社区商业孵化，理顺了社区党建、居民服务和对接商户的职能；同时，社区"大党委"党建联席会议机制以及"1+11+N"联动模式的建立，促进了社区资源的有效激活与整合，引导居民、商家、社会组织和企事业单位等多元社会力量共同参与便民生活圈建设。在居民服务方面，社区对市民日常生活所需的基本政务服务进行归集，为居民提供便捷化服务；在生活服务和消费需求方面，社区则积极与第三方机构开展合作，对居民实际需求与第三方供给能力进行了精准匹配。在打造"一刻钟便民生活圈"的过程中，清源社区始终注重公共文化空间的塑造，强调部分服务在可持续运营的基础上保证一定的公益性，在保证服务普惠性的同时吸引了更多社区居民参与志愿服务，增强了社区的内在向心力，提升了居民的获得感、幸福感。

案例9：以城乡融合发展助力乡村振兴的铁牛村案例

农业农村是当前中国现代化建设的短板、弱项，因此推进乡村全面振兴是实现中国式现代化的关键环节。成都市高度重视乡村振兴工作，近年来坚持以公园城市示范区为引领，先后出台《成都市实施乡村振兴战略若干政策措施（试行）》《关于加快推进超大城市城乡融合高质量发展的决定》等政策文件，积极探索公园城市的乡村表达，在超大城市城乡融合发展和农业农村现代化发展方面取得显著成效。下面以蒲江县铁牛村宜居宜业和美乡村建设经验成效为例,① 来呈现成都城乡融合发展的实践图景。

一 经验做法

蒲江县立足铁牛村生态和产业资源禀赋,挖掘地方历史文化遗产,围绕打造未来公园社区试点机遇,创新体制机制,大力吸引新老村民建设宜居宜业和美乡村,促进城乡融合发展。

(一) 突出特色,规划引领

一是明晰发展定位。坚持生态美学观规划设计理念,依托资源禀赋,确立打造"城乡共创、社群共生、生态共融、幸福共享""天府·新林盘聚落"发展定位,明晰推进城乡融合助力乡村振兴发展路径。二是实施系统规划。坚持多规合一,编制完善《西来郊野公园概念性规划》,配套编制精品林盘保护、水美乡村建设、人居环境提升等专项方案。制定《天府·新林盘聚落——铁牛未来乡村公园社区规划方案》,划定9.59平方公里,构建"生态农业与可持续生活""生态建造与美学文教""生态文化与田园消费""生态康养与旅居教育"4个产业聚落、10大场景实验室,打造集生产、生活、度假于一体的聚落式田园生活度假社区。三是聚力特色发展。有效发挥现存西汉和宋代冶铁遗址、千亩鱼塘和万亩橘园生态农业本底、原生性乡建艺人队伍、徽派建筑新村等特色优势,系统整理、深度挖掘,创新探索建设生态农业产业园区、乡村美学文创园区、田园生活度假园区"三园"兴业路径,致力于推动生态资源价值转化。

(二) 筑巢引凤,人才兴村

一是搭建平台引人才。盘活利用乡村公有闲置资产,打造党群服务、社区融合、乡村"双创"、乡村人才、游客接待"五个中

---

① 相关资料由蒲江县提供。

心"。以"五个中心"为载体，吸引来自国内外发达地区60余名不同代际多元人才"回流"成为新村民，以新加坡返乡青年、国家级花艺师等为代表的20余名本村青年"回家"，链接15家城市共创方、300余名"候鸟"新村民关注并参与铁牛村乡村振兴事业。二是因地制宜育人才。健全完善新老村民生产生活技能提升机制，实施"培训者"计划，联动全村200余名"田秀才""土专家"，依托柑橘、渔业等特色产业，通过茶话会、田间实操等方式，为新老村民提供本土化培训，打造一支"懂农业、爱农村、爱农民"的乡村振兴人才队伍，扎根铁牛村推动专业化、社群化、系统化发展。三是做优服务留人才。出台《蒲江县未来乡村建设扶持措施》，从落户保障、安居住房、人才资金、创业支持、子女教育等九个方面为新老村民提升服务保障。目前，已免费提供2处建筑面积共计1000余平方米的办公场所，给予6套人才公寓10年租金全额补助。

（三）改革赋能，创新机制

一是探索生态产品价值实现机制。聚焦渔果产业提升，开展水质优化提升工程，引进高活性生物酶技术，发展生态养殖100亩。实施"两个替代"示范工程，提档升级9900亩柑橘和1400亩猕猴桃产业发展，壮大科技果品协会规模，深化与新村民团队合作，建成有机种植示范区和都市现代农业体验地1000亩。二是创新多方共赢利益联结机制。联结新村民集体经济、老村民集体经济、新老村民联合集体经济、候鸟新村民集体经济、国有经济等五大乡村经济主体，共同推进乡村整体规划建设和运营管理，打造田园度假、生态农业、美学文创三大园区。三是建立新产业、新业态融合发展机制。充分挖掘果园、水域、绿道等各类资源新价值，坚持"绿道+""果林+""鱼塘+"理念，大力发展手作工坊、果林轻饮吧、芳香疗愈度假小屋等农创产品加工及体验产业，打造丑美生活馆、铁牛妈妈的餐厅、匠心民宿等新消费场景20余个，形成"铁牛三宝""麦昆塔心物""阿柑周末营"等一批特色品牌，推动由单一传统农业向一、二、三产业联动发展。

（四）深度融合，共建共享

一是打造美丽宜居场景。依托农村集体建设用地整理项目，建成独具魅力的"徽派"建筑风格的水乡新村。整合林盘打造、绿道蓝网建设等项目资金3500余万元，打造铁牛寨精品林盘、水乡广场、生态橘园游步道等基础设施和景观节点项目30余个，建成绿道10公里，形成"青山绿道蓝网"乡村生态公园格局。二是创造社区生活融合。坚持"政府引导、村集体主导、社会组织协同、多元市场主体参与"思路，引进社会组织，围绕"主题研究+社区活动"营造模式，开设自然教育、美学建造、有机种植等培训课程，举办乡村音乐会、手作工坊、徒步营等活动，打造集社交、生活、服务于一体的融合发展新型社区。三是创新社区治理机制。充分发挥村党组织战斗堡垒作用，精心选配7名党性强、能力强、作风强的致富能人、创业能手、高素质人才新村民进入村"两委"班子，激发基层党组织新活力。探索新老村民协商共建机制，创新开办铁牛夜话，邀请相关领域的研究者、实践者和新老村民代表进行开放对话，增强治理素质，提升治理能力。挖掘工匠文化、孝道文化底蕴，开展"最美庭院"、星级文明户等创建评选活动，持续弘扬文明和谐美好生活新风尚。

二　发展成效

经过几年发展，铁牛村吸引了一批来自全国各地的新村民，并且在生态产品价值转化、集体经济发展等方面取得显著成效，成为社会各界广泛关注的明星村，先后获评省级乡村旅游重点村、全省乡村振兴示范村、四川省"金熊猫"奖先进集体等荣誉和奖项。

（一）走出了一条城乡融合发展特色路径

通过吸引300余名候鸟"新村民"回流创业、回家兴业，参与未来乡村公园建设，探索出规划、人才、机制、共享的城乡深度融合新路径。铁牛村未来乡村公园社区建设经验受到了CCTV-1、CCTV-2、四川卫视、成都电视台等中央和省市主流媒体关注，多次被人民日报、新华网、四川日报、锦观新闻等主流媒体宣传报道。央视《山水间的家》蒲江铁牛村篇在CCTV-1正式播出，点击量超8亿次。

（二）实现了优质生态农产品价值大幅跃升

通过探索"村集体+合作社+农业社会化服务组织+农户"模式，全域实施"两个替代"示范工程，打造了千亩生态丑橘乐园和"两个替代"技术服务示范门店，实现水果产业提档升级。2022年，铁牛村"零农残"粑粑柑被北上广深消费者接纳，还未正式上市就已售罄，价格高达15元/斤。

（三）推动了村集体经济长足发展

通过村党组织核心引领，充分发挥基层党组织、村党群服务中心等各类重要阵地的功能效应，探索出"资产盘活型""产业发展型""村庄经营型"等多元集体经济发展模式，有力推动村级集体经济发展壮大，助推乡村全面振兴。2021年，全村旅游人数累计达5万人次，消费额达800万元；全村集体固定资产规模超6000万元，村集体经营性收入达36万元，较2016年的4.8万元增长了729%，发展模式入选2022年成都市抓党建促乡村振兴典型案例。

三 亮点评析

铁牛村曾作为一个距成都80多公里的普通纯农业村庄，何以能够在一众村庄中脱颖而出，得到政府公共财政投入重金打造、吸引有资源和专业能力的数十名新村民专业团队长期入驻，外出青年村民返乡，引起社会广泛关注，并成为媒体"宠儿"？这一是得益于党和国家实施的乡村振兴战略，为农业农村现代化发展提供了坚强的领导和必要的制度环境，形成了"民族要复兴、乡村必振兴"的社会共识，让更多热爱乡村生活的人明白了广阔乡村大有可为的现实可能性。二是得益于地方政府主导的规划建设，高标准规划、整体打造集生产生活于一体的未来乡村公园社区和田园生活度假社区，依托集体建设用地整理项目、川西林盘打造和绿道蓝网建设等项目，完善了基础设施，集中呈现了具有独特魅力的水乡新村，新增了旅游消费场景。三是得益于独特的生态本地和历史文化底蕴，铁牛村有水系、星罗棋布的鱼塘、上万亩橘园和茶园，还有西汉时期的冶铁遗址，符合诗与远方的理想构图。这也是铁牛村当初能够吸引到发现其独特价值的新村民团队的地理生态和历史文化基础，也才有了后来政府给予的政策和资金支持。四是得益于人才和产业振兴，新村民带来了新的技术和理念，为铁牛村注入了生机活力，如新村民提倡用生态种植法替代原来的种植技术，大幅提高了柑橘品质和价格，他们还围绕铁牛村的柑橘开发了各种产品。另外，村庄的变化吸引了外出村民返乡就业创业，在很大程度上满足了铁牛村的人才需求。五是得益于构建了一核多元共治格局，当地政府不但积极采纳新村民建议，引导新村民全面参与铁牛乡村振兴建设，而且还将多位新村民吸纳进村"两委"，形成了村党组织领导下的共建共治共享格局，确保新老村民都能享受到乡村振兴和集体经济发展的红利。

参考文献

一 著作

崔钧：《改革开放以来的卫生事业》，北京人民出版社 2019 年版。

卢驰文：《中国社保改革研究》，上海财经大学出版社 2017 年版。

王浦劬、JudeHowell 等：《政府向社会力量购买公共服务发展研究：基于中英经验的分析》，北京大学出版社 2016 年版。

鄢圣文：《非基本公共服务市场化供给研究》，中国经济出版社 2015 年版。

叶响裙：《公共服务多元主体供给：理论与实践》，社会科学文献出版社 2014 年版。

二 期刊

陈昌盛、蔡跃洲：《中国政府公共服务：基本价值取向与综合绩效评估》，《财政研究》2007 年第 6 期。

陈刚、赖小琼：《我国省际基础公共服务供给绩效分析——基于以产出为导向的三阶段 DEA 模型》，《经济科学》2015 年第 3 期。

陈家建、赵阳：《"低治理权"与基层购买公共服务困境研究》，《社会学研究》2019 年第 1 期。

陈文博：《强化政府公共服务职能与和谐社会基础建设》，《东南学术》2007 年第 1 期。

仇叶：《基层服务型政府建设中的服务泛化问题及其解决》，《中国行政管理》2020 年第 11 期。

杜巍、杨婷、靳小怡：《中国城镇化背景下农民工公共服务需求层次的代次差异研究》，《西安交通大学学报（社会科学版）》2016 年第 3 期。

范柏乃、唐磊蕾：《基本公共服务均等化运行机制、政策效应与制度重构》，《软科学》2021 年第 8 期。

关信平：《中国共产党百年社会政策的实践与经验》，《中国社会科学》2022 年第 2 期。

何水：《中国公共服务改革：实践透视与路径探寻》，《郑州大学学报（哲学社会科学版）》2013 年第 6 期。

黄杉、张越、华晨等：《开发区公共服务供需问题研究——从年龄梯度变迁到需求层次演进的考量》，《城市规划》2012 年第 2 期。

姜明安：《建设服务型政府应正确处理的若干关系》，《北京大学学报（哲学社会科学版）》2010 年第 6 期。

姜晓萍：《中国公共服务体制改革 30 年》，《中国行政管理》2008 年第 12 期。

姜竹、徐思维、刘宁：《信息基础设施、公共服务供给效率与城市创新——基于"宽带中国"试点政策的实证研究》，《城市问题》2022 年第 1 期。

蒋敏娟：《整体政府改革：日本的实践经验及启示》，《中共浙江省委党校学报》2011 年第 6 期。

解垩：《财政分权与公共服务可及性：组固定效应分析》，《现代经济探讨》2022 年第 1 期。

蓝国彬、樊炳有：《我国体育公共服务供给主体及供给方式探析》，

《首都体育学院学报》2010年第2期。

黎燕珍：《中国医改：20年再回首》，《中国改革》2005年第10期。

李方毅、郑垂勇：《我国省级政府公共服务绩效评估研究》，《南京社会科学》2020年第7期。

林万龙：《中国农村公共服务供求的结构性失衡：表现及成因》，《管理世界》2007年第9期。

刘晓洲：《政府购买服务的中国香港经验与启示》，《社会福利（理论版）》2020年第2期。

刘焱、郑孝玲：《关于普惠性学前教育公共服务属性定位的探讨》，《教育研究》2020年第1期。

潘心纲、张兴：《当代中国基本公共服务均等化的实现路径》，《江汉大学学报（社会科学版）》2014年第1期。

庞丽娟、冯江英：《学前教育公共服务分类与"一主多元"供给机制设计》，《中国教育学刊》2014年第7期。

阮成武：《基础教育改革顶层设计的进路与反思：1980—2020》，《南京师大学报（社会科学版）》2021年第1期。

唐钧：《政府购买服务：购买的究竟是什么》，《中国社会保障》2012年第3期。

陶希东：《英国大伦敦地区公共服务供给侧改革的经验与启示》，《国家行政学院学报》2018年第6期。

万筠、王佃利：《走向均衡与可持续的发展之路：中国城市公共服务40年》，《城市治理研究》2019年第1期。

万正艺：《城市社区公共服务的发展历程与变迁逻辑》，《城市问题》2020年第4期。

王建云、钟仁耀：《基于年龄分类的社区居家养老服务需求层次及供给优先序研究——以上海市J街道为例》，《东北大学学报（社会科学版)》2019 年第 6 期。

王楠、杨银付:《英国"开放公共服务"改革框架及启示——以卡梅伦政府〈开放公共服务白皮书〉为主要分析对象》,《中国行政管理》2016 年第 3 期。

王伟同:《财政能力与横向公平:两种均等化模式关系辨析——兼论中国公共服务均等化实现路径选择》,《经济社会体制比较》2012 年第 6 期。

王余生、陈越:《当代英国公共服务供给模式及其对我国的启示》,《四川行政学院学报》2016 年第 4 期。

魏娜、刘昌乾:《政府购买公共服务的边界及实现机制研究》,《中国行政管理》2015 年第 1 期。

吴金群、刘花花:《超越抑或共进:服务型政府与发展型政府的关系反思》,《浙江大学学报(人文社会科学版)》2021 年第 5 期。

夏志强、付亚南:《公共服务的"基本问题"论争》,《社会科学研究》2021 年第 6 期。

辛冲冲、陈志勇:《中国基本公共服务供给水平分布动态、地区差异及收敛性》,《数量经济技术经济研究》2019 年第 8 期。

郁建兴、高翔:《中国服务型政府建设的基本经验与未来》,《中国行政管理》2012 年第 8 期。

郁建兴:《中国的公共服务体系:发展历程、社会政策与体制机制》,《学术月刊》2011 年第 3 期。

曾鹏、张凡:《中国十大城市群公共服务供给效率的比较》,《统计与决策》2017 年第 3 期。

张淼、关庆珍:《成都智慧城市视野下的公共服务建设研究》,《科技创新与应用》2020 年第 6 期。

张菀洺:《政府公共服务供给效率的经济学分析》,《数量经济技术经济研究》2008 年第 6 期。

中国劳动学会秘书处:《改革保险福利制度的理论探讨——记保险福利问题学术讨论会》,《中国劳动》1983年第18期。

周宝砚、吕外:《英国政府购买公共服务特点及启示》,《中国政府采购》2014年第11期。

周弘:《中国社会保障制度的百年建设与国际比较》,《人民论坛·学术前沿》2021年第19期。

周青:《农村公共产品供给体制的历史沿革与比较》,《党史研究与教学》2012年第6期。

周义程:《公共服务供给主体选择的悖论及其消解策略》,《行政与法(吉林省行政学院学报)》2005年第11期。

朱健刚、陈安娜:《嵌入中的专业社会工作与街区权力关系——对一个政府购买服务项目的个案分析》,《社会学研究》2013年第1期。

三 外文

Girth A. M., Hefetz A. & Johnston J. M. et al., "Outsourcing Public Service Delivery: Management Responses in Noncompetitive Markets," Public Administration Review, Vol. 72, No. 6 (2012).

Kekez A., Howlett M. & Ramesh M., "Collaboration in public service delivery: what, when and how," Public Service Delivery, 2019.

Perri 6, "Joined-Up Government in the Western World in Comparative Perspective: A Preliminary Literature Review and Exploration," Journal of Public Administration Research and Theory, Vol. 14, No. 1 (2004).

后　　记

本研究缘起于成都市发改委社会发展处于2021年11月委托本人领衔开展的成都市"十四五"规划前期研究课题"深化公共服务政策改革研究",为编制《成都市"十四五"公共服务规划》提供理论支撑。按照成都市发改委社会发展处的相关要求,课题研究主要包括以下几个方面的内容:一是系统梳理了公共服务理论体系,回顾了我国公共服务政策实践发展阶段性特征,并根据经济社会发展规律分析了城市公共服务发展趋势;二是从体制机制、供给主体、供给规模质量等视角系统分析了国内外公共服务改革发展经验启示;三是客观分析了成都市公共服务发展现状及面临的机遇挑战;四是明确了成都市公共服务改革的政策依据和发展目标,提出了相关发展举措。结题后,我发现课题组竟然形成了10万字的研究报告,于是与成都市发改委社会发展处沟通,希望拓展研究后将成果出版。成都市发改委社会发展处的李文博副处长非常赞同课题组的出版计划,并多次同我探讨书名和篇章结构,最终将书名定为《成都公共服务均等化与品质化发展研究》。课题组按照学理性和规范性要求深化了原研究成果,并增加了成都市"幸福美好生活十大工程"发展状况和相关区县有代表性的公共服务发展案例选编两个附件。

本书是课题组历时三年的劳动成果，也离不开研究出版过程中来自各方的支持与帮助。全书的研究思路和篇章结构由明亮和李文博共同确定；第一章、第二章由罗江月执笔，第三章、第四章由徐睿执笔，第五章由明亮执笔，第六章由胡燕执笔；附件一由李文博供稿，附件二由课题组根据相关区县供稿修改而成；全书修改统稿由明亮和胡燕负责。感谢成都市发改委社会发展处对本人及课题组的信任，立项课题并同意成果出版；感谢中国社科院社会学所王春光研究员为本书作序，并指导书稿修改完善；感谢课题结题评审专家对本研究提出的意见建议，增强了本书的科学性；感谢成都市社会科学院对本研究的支持，并提供出版资助，让本书能够在三年后面世；感谢本书公共服务发展案例的实践者和提供方，正是你们的创新实践增强了本书的可读性。还要感谢中国社会科学出版社喻苗女士为本书出版付出的辛勤劳动。

　　在快速城镇化进程中，大量人口向大城市聚集，对大城市公共服务均等化和品质化发展带来巨大挑战。成都作为超大城市，具有显著的人口集聚效应。2023年底，成都市常住人口达到2140.3万，满足不同人群多元化服务需求的压力越发凸显。从这个意义上来讲，研究成都公共服务政策改革和实践发展具有较高的理论和现实意义。囿于课题组能力有限，本书不能完全体现成都公共服务政策改革和实践发展现状，恳请读者包容和理解。唯愿本书能够起到抛砖引玉的作用，期待更多专家学者关注和研究成都公共服务发展，多出精品力作。

明　亮
2024年7月28日于成都